聖書教養
エッセー4

そうか、なるほどⅣ

《ペテロ、ヨハネ、ユダ書簡編》

中島總一郎 著

まえがき

聖書を読み出して五十八年になります。何度読んでも毎回その度に新しいことを教えられ、気付かされます。今回の執筆も、新たに教示され、発見させられたことを文書にまとめてみようとして、本書のエッセーになりました。

人は、各年代によってなすべきことがあり、積んだ経験によってあらためて感知し、納得させられることがあります。若い年代では知覚しなかったことが、老いた今になって、「そういうことか」「そうだったのか」と深く知るようになり、また別の面から目が開かれて、一つひとつのことを玩味《がんみ》するようになります。

少年・青年時代は、学ぶことが主眼であると言っていいでしょう。壮年時代は、学んだことを実行して現実社会に実を結ばせ、人々に公益をもたらすことが求められます。そして、人生とはどのようなもので、世界はどのように動いているのかを大観し、人生観や価値観を確立する年代でしょう。続く老年時代は、得た世界観をより深め高めて、さらに豊かなものへと円熟させる時期です。そして揺るぎない知恵にまで成熟させたものを、人々に提供し、社会に財産として残していくことが、主から求められていることでしょう。

このような働きが老年の私に、少しでもできたなら意味があろうかと、微力ながら聖書に取り組んでみました。その結果の小さな実がこのエッセーです。ここに著した拙文を読者の皆様に、わずかでも味わっていただければ幸いです。

本書の内容は、公同書簡と言われるうちの、前巻Ⅲに含めたヤコブ書を除いた、ペテロ、ヨハネ、ユダによる六通の書簡が主要になっています。

本文に引用した御言葉は、私が使い慣れている日本聖書協会の口語訳をおもに用いました（無表示）。そのほかにも新改訳や新共同訳からも引用した御言葉がありますが、その場合はその都度表記しておきました。

目次

第一章

ペテロの第一の手紙から教えられること

「愛する者たちよ。あなたがたを試みるために降りかかって来る火のような試錬を、何か思いがけないことが起ったかのように驚きあやしむことなく、むしろ、キリストの苦しみにあずかればあずかるほど、喜ぶがよい。それは、キリストの栄光が現れる際に、よろこびにあふれるためである。」（ペテロの第一の手紙四12〜13）

私製詳訳聖書本文

以下に記すような要望が私にあり、小生にはそんな知識も能力もないし、することはおこがましく、言うのも憚るので、長年にわたって気にも止めず、また現在も、その依頼や要求に応える意識は毛頭ないのだが、ある時ある方から「詳訳聖書を書いてほしい」と言われた。また別の方からは、言伝《ことづ》てに、「この方は、日々のディボーション書を著述することはないのでしょうか」と問われたことがある。

それでは、希望される方の意に沿って、自分なりに表現したらどんな文書になるのかと、聖書記述の順を追って、ペテロ第一の手紙一章の、挨拶を含む初めの一部分（1～9節）について、聖書解釈風に叙述してみた。以下にそれを紹介したので、興味ある方は、聖書本文と照し合わせながら、目を通してみていただきたい。

〔発信者ペテロから宛先への挨拶〕御子イエス・キリストから救いを受けて、十二使徒のひとりとなったシモン・ペテロから、訓戒の書簡をあなたがたに送ります。この書簡を受け取ったポント、ガラテヤ、カパドキヤ、アジヤ及びビテニヤに住む人々、すなわち、離散してその地に（天を母国として霊的に）寄留するようになったユダヤ人や、ユダヤ人ではないがその地に滞在していてクリスチャンになった人々は、この書状をよく読んで、読み終って書き写したら、次の地方へ回覧して下さい（Ⅰペテロ一－1参照、以下同章の節）。

父なる神は、はるか昔の時点から、あなたがたを神の家族として選んで下さっており、あなたがたを聖なるご自分の子供にしようと、決めておられました（2）。そして、あなたがたは、あなたがたの心に聖霊が働いて、救い主イエス・キリストが十字架上で流された尊い宝血の一滴一滴によって、罪からきよめられ、神に喜ばれる者となりました。ですから、私はあなたがたのために、次のように主に祈ります、「天の父から来る豊かな恵みと、世が与えるようなものとは異なる、神が与えて下さる平安とが、あなたがたの上に溢れるほどに降り注がれますように」と（2）。

〔私たちが持っている生きいきとした希望について〕天の父は、私たちの心身の全存在をもって、誉め称えられるべきお方です（3）。なぜなら、神は、私たちに対する豊かな憐みをもって御目《おんめ》を留めて下さり、いつくしみをもって私たちを取り扱って下さることによって、罪に捕らわれていた私たちを解放し、生れ変わらせて下さり、死んでいた私たちを新しく生れさせて下さったからです（3）。それによって私たちに与えられた新しいいのちは、神がイエス・キリストを十字架の死の後に、死者の中から復活させて下さったいのちと同じものです。ですから、私たちはすでに永遠のいのちが与えられており、また、このいのちが終末時に完全に付与されると約束されており、それで大いなる希望に満ち溢れています（3）。

さらに、天の父は、あなたがたのために、あなたがたに贈与しようとして、莫大な資産を天に蓄えておられます。その宝は、朽ちることなく、また汚《よご》れたり腐ったりして消滅してしまうようなものではありません（4）。この資産を、私たちがご自分の家族として受け継ぐようにと、神は決めておられます（4）。

別のことですが、あなたがたは、終末時に救いが完成されるようにと、神によって今から準備されています。その救いの完成のために、すでに始っている救いが現在保持され、成長するようにと、神によって守られています（5）。その守りは、神の絶大な力によるものであり、あなたがたが今抱いている堅い信仰によるものです（5）。

ですから、あなたがたは、大いなる希望と安心とを持って、喜びなさい。そうです。そうなのかと確認して、心の底から喜んでおり、嬉しさに溢れているのです（6）。

現在あなたがたは、いろいろな苦難や迫害などの試練に遭っています。そしてあなたがたが苦悩のうちにあることは、私も十分承知しています（6）。それでも将来にはすばらしい喜びが待っているのですから、その試練を耐え忍んで、望みを持って待ちなさい（6）。

神から来る試練は、無駄なものでも余計なものでもありません。むしろ私たちに必要なものです。その試練が与えられるからこそ、私たちの心身は鍛えられ、成長していくことができ、熟練に向かっていくことができるのです（7）。そういう意味で、試練は、私たちが神の家族の一員として成長するように、神が与えて下さるものであって、試練は私たちになくてはならないもので、尊いものです（7）。

金銀は火で精錬されて高純度のものとして採り出されますが、それでも錆や汚れが付いたり、傷が付いて古いものへと尊さが減じていきます。しかし、神が与えて下さる試練は、そんなことがありません。金銀とは比べものにならないほどの、貴重な尊さがあります（7）。

金銀は、高熱の火によって精錬されることによって純度を上げられますが、私たちも同じように、試練によって精錬されることによって、心の不純物が取り除かれ、罪から全く離れた純粋な者になっていきます（7）。

この試練によって、聖なる神の似姿にまで精錬されて、熟達したクリスチャンは、終末時のイエス・キリストの再臨があった時には、「よく成長した」と神から評価され、認められ、神からの称賛と、神がお持ちの栄光と、神が認定して下さる誉れとを与えられることになります（7）。

あなたがたは、イエス・キリストとその業を、自分の肉眼で実際に見たことがありません。（私ペテロは、実際に見て、触れて、体験しました。）しかしそれでも、あなたがたは、信仰の眼によって、今もキリストを見つつ、心で確認し、自分の救い主として深く愛しています（8）。そのあなたがたの霊眼を使ってキリストを見ることによって、言葉には言い尽くせないほどの喜びに浸っています（8）。

試練の中にありながらも、このように喜びに溢れ、歓喜に酔い知れるほどになることができるのは、あなたがたが持つに至った尊い信仰によるものです（9）。魂が救われ、神と共に御国に住むようになることは、私たちの信仰の目標ですが、その救いをあなたがたは信仰によってすでに得ています（9）。

この後に続く一章10節以下は、別に機会があれば記すことになるでしょう。乞う、ご期待！

神の民として生きる

ペテロの第一の手紙二章を読んでいて、私の信仰生活上に、かつてあった諸々の事柄が想い出された。

私が勤めていた会社の創業社長が高齢になり、次期社長を人選する時期に入っていた。私はそれまでに、二十歳代の前半の若年の時代からこの時に至るまで、自分に辞令された職域や職位に関係なく、それを超えて、全社的な改革を進めるべく、いろいろな業務を構想して提案し、社長・役員会の許可・承認を得て、実施してきていた。

すなわち、①品質管理体制を全社に確立すること、②コンピューターを使って、全業務をオンラインで処理すること、③ビジョン経営によって社員の力を一つの方向に結集させること、④目標管理制度を、子会社を含めた全部門に実施して、業績管理を行うこと、⑤通産省（現、経済産業省）の委嘱を受けて、電子部品の規格を整備すること、⑥所属工業会の委託により、自社主力製品でもあるサーミスタに関する日本工業規格（ＪＩＳ）を、私が責任者になって制定すること。また、⑦同サーミスタに関する世界規格を、関係企業の多くの技術者に集まってもらって検討し、まとめ上げて、私自らが渡航し、国際会議で日本案として提案する、などの社外の業界活動をすること、などでした。

この間に私の採った仕事への基本姿勢は、①自分はこの会社に、神の栄光を現すために、神から派遣されていること。②肉による主人、すなわち社長や上司を敬いおそれつつ、キリストの僕として真摯にかつ忠実に働くこと。③自らの処遇や報酬は一切考えずに、会社が発展していき、ここに働く従業員が生き甲斐を持って幸せになること、これだけを念頭に、改革を進めていった。幸いにも企業業績もこれに付いてきた。

ペテロ書には、次のようにある。「僕たる者よ。心からのおそれをもって、主人に仕えなさい。善良で寛容な主人だけにでなく、気むずかしい主人にも、そうしなさい」（Iペテ二18）。「自由人にふさわしく行動しなさい。……神の僕にふさわしく行動しなさい。すべての人をうやまい、兄弟たちを愛し、神をおそれ、王（社長、上司）を尊びなさい」（同二16〜17）。「あなたがたは、実に、そうするようにと召されたのである」（同二21）。

そんな私であったからなのか、私は経営企画部長兼務での、社史上最年少で取締役に抜擢された。四十三歳の時であった。その私に、次期社長候補の一人として、白羽の矢が立った。創業社長は、そのためには私に、次のような条件を付けてきた。①「二兎《にと》を追う者は、一兎も得ずだ」として、教会活動を止め、会社経営に専念すること、②「酒を飲めないような男は、百人の長にはなれても千人の長にはなれないぞ。だから酒を飲める男になれ」、③クリスチャンとして正しいことだけを主張し、正しいことだけをする生き方では、生き馬の目を抜くような競争の激しい企業界にあっては、生き残っていくことができない。だから、不正をも大目に見ることができる「清濁合わせ飲む」男になれ、であった。

世の人々が世俗的価値に尊さを見つけ、キリスト教の真理に従うことを煙たく思うのは、「彼らがつまずくのは、御言《みことば》に従わないからであって」、彼らにとってイエス・キリストは、「つまずきの石、妨げの岩」（Ⅰペテロ二8）に見えるからなのである。そうであったとしても、私たちキリスト者は、次のようでなければならない。「あなたがたは、選ばれた種族、……聖なる国民、神につける民である。それによって、暗やみから驚くべきみ光に招き入れて下さったかたのみわざを、あなたがたが語り伝えるためである」（同二9）。

私は、社長から出されたこれらの要求に対し、「千人や万人の長（になって世的に出世する）よりも、（主に忠実に仕える）一人のキリストの僕でありたい」として、教会を採り、信仰活動を捨てなかった。

その結果は、①今までの社内のすべての仕事を取り上げられ、②社外活動の役職からも引き下がるように命じられ、③全社業務が停らないように電算機業務だけをせよ、と北側一階の窓の小さい電算機械室へ長期にわたって入れられた。

そんな中にあっても、私は次の御言葉を信じていた。「もしだれかが、不当な苦しみを受けても、神を仰いでその苦痛を耐え忍ぶなら、それはよみせられることである。悪いことをして打ちたたかれ、それを忍んだとしても、なんの手柄になるのか。しかし善を行って苦しみを受け、しかもそれを耐え忍んでいるとすれば、これこそ神によみせられることである」(同二19～20)。

私は、この強要と不当な取り扱いを受けても、すべてを主に委ね、自分の業務責任範囲の事柄を毎日黙々とこなしていった(同二23参照)。すべてのことは、主が解決して下さると信じていたからである。暗黒の日々を過ごすその八か月後に、偶然にも(奇跡的にも)、私が入社した二十一年前の社内報に投稿してあった「私がなぜ働くのか」の御言葉を添えた証詞を、社長自らが自分の机の奥から取り出してきて目に触れ、私は復権させられた。そして再び、品質管理や経営企画業務によって、全社的に活動する職責を与えられた。

どんなことがあろうとも、「ののしられても、ののしりかえさず、苦しめられても、おびやかすことをせず、正しいさばきをするかたに、いっさいをゆだねておられた」(同二23)。これは、私たちキリスト者が主イエス・キリストに倣うべき態度である。

私は、この新しい任命によって、国内はもちろんのこと、海外子会社を含め、方針管理による全社統制、中期・長期計画による経営活動の推進、取引先の経営や体制の改善指導などを行っていった。

私に譲る意向を示していた専務が次期社長になり、その後私は、「立て直してくれ」との社命を受けて、子会社の社長として赴任した。続いて「お前ならできる」との意を受けて、海外子会社（上海）の一からの創設に携わった。

会長に退いて、ご自宅でくつろいでいた創業社長が、ある時、仕事の報告と相談に伺った私に、ぽつりと言われた。「私は今の今まで、無我夢中で命懸けで会社を興《お》こし経営し、企業として大きくしてきた。しかし、今になって振り返るに、何のために生きてきたのか、また生きているのか、分からない。君は充実して、何にも動ぜず信念を通して、楽しそうに仕事をしている。君と私は基本的にどこの何が違うのか、君の基盤はどこにあるのか、教えてくれ。」

これに関連したことで、御言葉に次のように書かれている。「異邦人（未信者）の中にあって、りっぱな行いをしなさい。そうすれば、彼らは、あなたがたを悪人呼ばわりしていても、あなたがたのりっぱなわざを見て、かえって、おとずれの日に神をあがめるようになろう」（同二12）。

新就任した次期社長の活動が、ある程度軌道に乗ってきた頃のことであった。限定された人と昼食を共にしていた席で、会長は私に突然、次のように言われた、「お前はお前であってよい。（何にも縛られる必要はない。）お前はお前の生き方をしてよい」と。私はそれ以来、完全に自由になって、神の僕としての歩みを謳歌するようになった。

ペテロの第一の手紙二章に、次の御言葉がある。「善を行うことによって、愚かな人々の無知な発言を封じるのは、神の御旨なのである」（同二15）と。私たちの主の前に真摯に歩む姿は、世の人々の口を閉じさせることになるのであろう。

会長の葬儀は、池袋の護国寺で、社葬として盛大に営まれた。その時の会葬参列者七百名余の前に立って葬儀を進める司式者には、序列から判断して、たぶん遺言指名によるものと思われるが、取締役下位の私が立った。

同書二章には、「あなたがたは、主が恵み深いかたであることを、すでに味わい知ったはずである」（同二3）ともある。これらの御言葉にあるとおり、私の過去を振り返って見て、主が私の生涯の上に成して下さった数々の事柄の一つひとつにおいて、天の父が真実な方であることを想い起こした。そして、主がその時々で、私に与えて下さった御言葉は、確実で力があることを、しみじみと味わい知った。そんな回想の一時《ひととき》であった。

霊の乳を慕い求める

神の言《ことば》とは、神の意志を人の分かる文字で表現したものであり、神がどんなことをしようとしておられ、どんな存在のしかたをしておられるかを表したもので、神の位格を代表している。

そうであるから、神はその意志である言葉と全能によって世界を創造し、神の性質とその思いを文言にした律法をもって、ご自身を表された。「神は『光あれ』と言われた。すると光があった」(創世一3)とか、「初めに言《ことば》があった。言は神と共にあった。言は神であった」(ヨハネ一1)というようにである。十戒であれ山上の垂訓であれ、神や御子キリストが与える戒めは、神ご自身がどのようなお方であるかを表している。この神の言を、キリスト者は敬意を込めて、「御言葉」と表現して受け取る。

キリスト者にとっては無くてならない、生きていく上でどうしても必要なものは何かと問われるならば、その答えは「御言葉」である。たとえて言えば、生まれてすぐの嬰児に必要なものは、母が自らの体内から生み出して与える乳であるように、新生したクリスチャンに最も必要なものは、神ご自身が、神ご自身の内から発して、ご自身の代わりとして与えられる神の言である。成長したクリスチャンが、さらに成長を続けるために必要なものは、聖霊によって神から運ばれてくる、滋養豊かな御言葉である。

キリスト者が新生し、成長し、ますます熟達していくに必要なものは、何といっても御言葉である。それ以外のものは必要な絶対的なものであるとは言えない。学理や知識は、あったほうが良いに決まっている。しかし、なければ成長を促せない不可欠なものであるとは言えない。人は御言葉によって救われ、生れ変わらせられ（新生）、御言葉によって、聖霊の助けを受けてきよめられ（聖化）、御言葉によって、人としての完成（栄化）に向かう。このことを主イエスは、総合的に次のように言われた、「人はパンだけで生きるものではなく、神の口から出る一つ一つの言《ことば》で生きるものである」（マタイ四4）と。

だから、ペテロは勧めて、あらゆるキリスト者に、次のように教示する、「今生れたばかりの乳飲み子のように、混じりけのない霊の乳を慕い求めなさい」（Iペテロ二2）と。救いに入った者は、御言葉によって、今までは自分の努力ではどうしようもできなかった「あらゆる悪意、あらゆる偽り、偽善、そねみ（ねたみ、嫉妬）、いっさいの（人を傷付けるような）悪口を捨て」（同二1）ることができるようになる。

その捨てることも、今まで着ていた悪という衣服を、パッと脱ぎ捨てるかのように、多くの良からぬ悪弊、悪癖、悪習慣を、一度にどっと全てを捨てることができる。かつての自分が努力してきたように、薄皮を剝《は》ぐかのように、少しずつ部分的に離れるのではなく、一度に全部身から離し、無縁なものとすることができる。それは信じて得た信仰によるものであり、御言葉を信じる者に神がなして下さる神の業である。

御言葉をありがたく感謝して受け取り、御言葉が持つ力に自らを委ねて、確かな信仰生活を続けていきたい。

キリスト者の特権

特権という言葉は、いい意味でも良くない意味でも使われる。自分に関してのことであればいい意味になるが、他の人のことに使うと、少し悪い意味が含まれることがある。例えば「特権階級」というようにである。特権とは、同種でありながら他とは分離された、その者にだけ付与され、正当に主張できる特別な権利のことである。

また、恵みとは、それを受けるに値しない者が、一方的に溢れるほど豊かに、無代価で与えられる、高価値の益である。例えば、恵みの雨とか恵まれた国土、天からの恵みなど、いい意味で用いられることが多く、悪い意味で用いられることはほとんどない。

この特権と恵みという面から見て、キリスト者には、大いなる特権と恵みが与えられている。それがペテロの第一の手紙二章の9節に列挙されている。すなわち、キリスト者は、

(1)選ばれた種族である。……人類の中から神によって特別に選び分かたれた種類の人々、それは、

(イ)神の家族として神の恵みを与える対象とするためと、

(ロ)神のことを人類の隅々にまで知らせる使命を持った先遣隊として、人々に遣わ

されるためである。

⑵祭司の国である。……自分と、福音によって神に立ち返り神の家族になった人々との、神の間を取りもって、

⑴神の御旨やご意志を人々に伝える、それと共に、

⑵人々の願いや祈りを神に伝える働きをする、

このような祭司として奉仕するためである。

⑶聖なる国民である。……俗悪が蔓延する世から完全に分離されて、別置きにされ、聖・義・愛なる神の性質を受け継いで日々生活する、特別な集団として、神によって導き守られるためである。

⑷神につける民である。……今まではサタンの奴隷にされ、自由を奪われ、悪から脱けきれないあわれな存在であったが、新生を受け、続いてきよめられ、今では人間として自由を取り戻し、真理が何であるかが見えるようになり、永遠のいのちの御国に向かって、キリストの似姿に変わるように、神と共に日々歩むことができる、そのような、神に所有される者となった。

右の⑴〜⑷を総括していうならば、それは、「それによっておい育ち（成長し）、（終末時

に与えられる完全な）救いに入るようになるためである」（Ⅰペテロ二2）。その完全な救いには、いろいろな事柄が含まれている。

①まずは、神の性質（Ⅱペテロ一4）が与えられ、罪によって毀損していた人間の人格が修復され、創造された時の本来の人間の姿に戻ること、
②次に、神のさばきから解放されて恐れを取り除かれ、永遠のいのちが付与されること。
③続いて、世にあっては旅人であり寄留者であったが（Ⅰペテロ二11参照）、この世に居ながらにして、先取りして神の国に定住するようになり、神の国の国籍を持った天国の住民となること、
④私たちのために貯えておかれた、神の資産を受け継ぐこと、
⑤そして、御国を管理し、私たち各自が自分の特技・特性を活かして、生きいきと活躍すること、

などである。

このような豊かな恵みが約束されている完全な救いを受けて、私たちのとこしえの生を全うしていきたい。

一般的自由と真の自由

ペテロは次のように言って、「自由人にふさわしく行動しなさい。ただし、自由をば悪を行う口実として用いず、神の僕にふさわしく行動しなさい」（Ⅰペテロ二16）と勧めている。自由にも、ふさわしい自由もあれば、好ましくない自由もある。この自由について考えてみたい。

自由とは、「自分のしたいことを自分の思うとおりに、何の制約もなしに、したいようにできること」かと思うと、そうではない。すなわち、「何か自分の希望することを、どこからも、誰からも制限を受けずに、自分の意志どおりにできる」ということではない。この状態は、確かに、一般的に言って自由というものである。しかし、真の自由とは、その自由に別の意味が加わるものであり、その範囲に限定されるものである。

すなわち、真の自由とは、「自分の欲望に左右されることなく、また自分の自然的欲求に影響されることもなく、すべきことをごく自然にすることができ、してはならない、あるいはすべきでないことを、何の異和感も感じることなく、しないでいられること」である。もっと具体的に言うならば、真の自由とは、「自分の本能や生存欲求に拘束されることなく、神の御旨やみこころに合わせて、すべきであると示され、求められている事柄を、何の強制感も受けずに、喜びのうちに自発的にできること」である。

それでは、その真の自由は、どのようにして得られるであろうか。残念ながら、生まれながらの人には、自分の力では真の自由は得られない。なぜならば、自分の要望や行動は、自分の欲求や欲望に影響され拘束されており、むしろ神の御旨には反発して行動する道を採るからである。

真の自由を得るための第一歩は、神から救いを受けて、自分が神に所属する者になることである。そのためには、神の自分への愛を心の底から知って味わい、その後、自分の意志を神に委ね、神の聖・義・愛の性質を付与していただくことである。そうすれば真の自由が与えられ、真の自由であり続ける能力を、神から授与される。

真の自由は、一般の人にとっては不自由であると思われるところの、神へ全面的に従順に従うことから得られ、神から贈与されるものである。その意味からいって、一般の人には逆説的であるので、神の愛と神からの真の自由を知らない人には、理解することが難しい。

一般で言う自由を行使した場合には、人々から好意的に見られなかったり、時には懲罰を受けるような結果を招くこともある。しかし、真の自由には、することにどこからも受ける束縛感はないし、人々からは喜ばれ、自分にもそれをしている時に喜びがある。それよりも何よりも、真の自由に従って行動する場合には、自分では意識していないのに善を行っており、それゆえに神から嘉《よ》みせられ、結果としてその報いが神から与えられる。「右の手のしていることを左の手に知らせない」（マタイ六3参照）ほどに無意識にしているにもかかわらず、それは「わたし（キリスト）にしたのである」（同二五40）、「良い忠実な僕よ、よくやった。……主人（のわたし）と一緒に喜んでくれ」（同二五21）と、お褒めの言葉をいただく。

同じ一人の人間として、この世に短かく生きるのであるならば、一般的自由によってではなく、真の自由の中に生きることによって、自分の人生を堪能《たんのう》していきたい。

美しい人

美人に接することは、見る側にとっては心暖まり、豊かになり、嬉しささえ湧いてくる。皆様は、美人と言ったら、どんなイメージを浮かべることになるだろうか。

美人は、若さなどの年齢から来るものではない。また、八頭身美人というように、身体的な体形から来るものでもない。まして、外見的に装飾した服装やアクセサリーや化粧から来るものでもない（Ⅰペテロ三3参照）。

神の前にあって美人と称せられ、美人として評価される条件や状態とは、どんなものであろうか。一番分かりやすいイメージとしては、アヴィラのテレサやリジューのテレーズなど、歴史上で聖女と言われた女性たちや、あるいは聖母マリヤを思い浮かべるとよいかもしれない。ペテロは霊的な信仰の母として、サラを挙げている（同三6参照）。

聖女と称される女性たちの美しさは、外面や体形や年齢によるものではない。内面の心の美しさによる。彼女らに共通していることは、心の内面が美しいことであり、柔和、しとやか、清純な霊性（同三4参照）といった特徴を持っている。彼女らの誰もが、「神を仰ぎ望んで」（同三5）、「かくれた内なる人」（同三4）を輝かせていた。また、彼女らは心の底から主イエス・キリストを愛し、慕い、奉仕するために自らを献げていた。彼女らの美は、この世が与える「過ぎ去っていく美しさ」によるものではなく、永遠にまで続く「朽ちることのない（霊的な）飾り」（同三4）によるものであった。

彼女らの美は、彼女らの内側に培われた品性から出てくるものであり、「うやうやしく清い行い」（同三2）といった敬虔と、自己主張を抑えた「無言の行い」（同三2）という謙遜の徳性を備えた、品格からにじみ出ていた。

そうであるから、彼女らの美は、神のいつくしみの前にあって、耐え忍び仕えるという生活を続けるにしたがい、ますます美しさを増し、年齢を重ねるごとに、その身から光輝や香気を馥郁《ふくいく》と漂わせた。

彼女らは、言葉を慎み（同三10参照）、善を行い、平和を求め（同三11）、日々の生活において、一致、愛、同情、あわれみ、謙虚（同三8）、柔和、寛容、忍耐を尊び、悪に対してさえ祝福をもって報いるようにした（同三9）。

このような美人が、人々から尊敬されないはずはなく（同三7参照）、また、神からも尊ばれ（同三4）、神からの祝福をふんだんに受ける者となっていた。

このような美しい人に対して、倣うべきは何も女性だけではなく、このような女性に対しては、賢明剛毅な男性も頭を垂れ、感動のうちに、人の模範として教示を受けることになる（同三2、7参照）。

美しい淑女に対しては、男の誰もが、紳士的な振る舞いをせざるを得なくなる（同三1〜2参照）。

いかに生くべき、残りの生涯

私も傘寿（八十歳）を過ぎて、「あと何年生きられるのだろうか」と考えるようになった。春夏秋冬、雨雪を除いて、毎日五キロメートルのウォーキングを欠かさずして、健康維持に留意してはいるが、それでも、気力はともかく、肉体的年齢には勝てない。視力は衰え、長時間の読書も疲れを覚え、論文ほどの長文を書くことも難しくなってきた。自分では気が付かないのだが、周囲の者からは、「耳が遠くなった」とも指摘される。

私が関係する人々の中から、天国へ向かった知らせが多く届いたり、「年始の挨拶は今回で絶筆とします」との賀状が、ちらほら舞い込むようになると、ますます自分のこの世での滞在期間が少なくなってきていることを確認せざるを得ない。

「あとどれくらい、生きられるのだろうか」などとは、若い時分には考えたこともなかった。しかし、ペテロの手紙によって、「肉における残りの生涯」（Ⅰペテロ四2）を目にするようになると、残っているだろう自分の寿命について、深々と思い巡らすことになる。

残りの生涯に関して思い至すべきは、決して老年者だけに限ったことではなく、人は誰でも、年齢に関係なく、この思いの中にあって日を過ごすことが重要である。この意味をもってペテロは言っているわけであるが、同じ趣旨で、モーセは次のように詠っている、「われらのすべての日は、あなたの怒りによって過ぎ去り、われらの年の尽きるのは、ひと息のようです。……われらにおのが（残りの）日を数えることを教えて、（それではどうしたらよいのかの）知恵の心を得させてください」（詩篇九〇9、12）と。

肉における残りの生涯を、どのように過ごすべきかを、ペテロは示している。その気構えの重要な基本は、「神の御旨によって過ごす」（Ⅰペテロ四2）ことである。何はさて置き、また、どんなに優先すべきことが自分にあろうとも、残された生涯を一歩一歩着実に歩むべき道は、その絶対基盤を神の御旨に置くことである。そのようにペテロは教示している。

神の御旨に生活基盤を置くことの具体的な仕方は、

①神に向ける目と耳を、揺ぎなくしっかりと保って、霊魂の「心を確かに（する）」（同四7）こと、

②衣・食・住の日常生活や、思考と発言といった理性と感性の活動においても、自制を確実にして「身を慎（む）」（同四7参照）こと、

③神の前に敬虔に過ごし、畏れをもって「努めて祈り」（同四7）を積むこと、

④そして、「互の愛を熱く保ち」(同四8)、親子、兄弟、教会員同士、あるいは社会の関係する人々との間が、愛によって固く親密に結ばれるようにすること、
⑤さらには、不満や腹立たしいことがあっても、ぐっとこらえて忍耐し、「不平を言わず」(同四9)、
⑥互いに協力し合い、善意と献身献品によって「もてなし合(う)」(同四9)ことである。

気構えの基盤は、「神の御旨によって過ごす」(同四2)ことであると前述したが、その採るべき行動の方法は、各自それぞれに与えられているタラント(才能)を、無理せずに喜んで活用し、その活動によって人々に奉仕することである。「あなたがたは、それぞれ賜物をいただいているのだから、神のさまざまな恵みの良き管理人として、それをお互のために役立て」なさい(同四10)とある。

神から各自に与えられている賜物としてのタラントは、いろいろな種類があるであろう。それは、教える、語る、助ける、祈る、書く、描く、歌うなど、方法は各種ある(同四11参照)。それらのタラントのさまざまな恵みの使用方法を、有効に活用して管理する者として、次のようにありなさい、とペテロは勧告している。「神から賜わる力による者にふ

さわしく奉仕すべきである」(同四11)と。

残されている生涯を神の御旨に従って生き、その方法として各自が豊かに与えられている賜物を生かして活動していくことの最大の目的は、「すべてのことにおいてイエス・キリストによって、神があがめられるためである」(同四11)。すなわち、私たちが生きる目的は、年齢が若かろうが年取っていようが、人として変更されるものではなく、「神の栄光を現すため」(Iコリント一〇31参照)に生きることである。

これらの指針に励まされつつ、この後の生涯を歩んでいきたい。

誉むべき「クリスチャン」名称

クリスチャンと呼ばれたり、周囲の人々からクリスチャンであると認知されることには、得する場合もあれば、損する場合もある。

得する場合というのは、自分の実際はそうであるとは言い切れないのに、男の場合は、誠実であるとか真面目であるとか正直である、とのイメージを持たれ、女性の場合は、優しいとか慈《いつく》しみ深いとか清純である、と評価されて、そのような対応を受けるからである。

損する場合というのは、周囲の人々からは、自分たちと同じ生活をしない一風変わった人種であるとか、権力者からは、権力に従わない独自の生き方をする変わり者であると誤解されて、村八分扱いにされたり、いやがらせや強要・迫害を受ける場合があるからである。

「クリスチャン」とは、「キリストに属する者」とか「イエス・キリストに従う信仰を持った者」という意味であり、初代教会時代に周囲の人々が、キリストの教えや福音を信じて従う弟子たちや信徒たちに対し、これを卑下する意味で名付けた呼称であった。キリスト者集団の人々が、自分たちで自称したものではない。使徒行伝には、「このアンテオケで初めて、弟子たちがクリスチャンと呼ばれるようになった」（使徒一一26）と書かれている。

それが、時を経るにしたがって、元々は嘲笑混じりのあだなであったクリスチャンという名称が、尊称のように変わっていった。

それでは、卑下する呼称が尊称のように変わっていったのは、なぜであろうか。それは、クリスチャンと呼ばれる人々が、愛とか忍耐とか聖潔といった面で、接する人々に驚きと感動を与えるほどに、人間性が変わっていき、そのような生活を続けていることを、人々が目の当たりに見せられたからである。「この人の変わりようは何だ！」、「この変化、生まれ変わりは、どこから来ているのか」、「あの神にも似たきよい高徳と品格は、何が原因しているのか」と、人々が驚き怪しむほどに（Ⅰペテロ四4参照）、彼らの内面から輝き出ているものを見て、神を崇《あが》めるまでになったからである。「人々があなたがたのよいおこないを見て、天にいますあなたがたの父をあがめるようにしなさい」（マタイ五16）との御言葉が、キリストを信ずる者のうちに実現したからであった。

さらに具体的に言えば、「善をもって悪に勝（つ）」（ローマ一二21）ようにしたからであり、「悪をもって悪に報いず、悪口をもって悪口に報いず、かえって、祝福をもって報い（る）」（Ⅰペテロ三9）ようにしたからであった。「神の御旨に従って苦しみを受ける人々は、善をおこない、そして、真実であられる創造者（神）に、自分のたましいをゆだね」（同四19）ていたからであった。

彼らがそのようにすることができたのには、二つの理由があった。一つ目の理由は、イエス・キリストが人々から恥辱と迫害という大きな苦しみを受けても、これに耐え、反撃することなく、すべてを天の父に委ねておられた、という模範を見せられていたことである。二つ目の理由は、自分たちが人々から不当な取り扱いと苦難を受けても、仕返しをせずに忍従することは、神からの報いが待っている、ということを知っていたからである。

このことに関し、ペテロは、霊感を受けた神からの言《ことば》として、次のように表記している。

◎「クリスチャンとして苦しみを受けるのであれば、恥じることはない。かえって、この名によって神をあがめなさい」（同四16）。神があがめられ、神に栄光が帰されるように生活しなさい。

◎「このように、キリストは肉において苦しまれたのであるから、あなたがたも同じ覚悟で心の武装をしなさい」（同四1）。

◎「愛する者たちよ。あなたがたを試みるために降りかかって来る火のような試錬を、何か思いがけないことが起ったかのように驚きあやしむことなく、むしろ、キリストの苦しみにあずかればあずかるほど、喜ぶがよい。それは、キリストの栄光が現れる際に、よろこびにあふれるためである」（同四12～13）。

◎「キリストの名のためにそしられるなら、あなたがたはさいわいである。その時には、栄光の霊、神の霊が、あなたがたに宿るからである」（同四14）。

これらの御言葉にあるように、倣うべき手本が主キリストから示されていること、そして、天の父から来る大いなる報いという希望があることは、クリスチャンを義と愛の人へ成長させるのに、大きな力があった。

クリスチャンであることを人々から認知され、また主イエスの名のためにはずかしめを受けることとは、キリストの苦しみを分担して受けるに足るだけの者であるとして、人々から認承されていることにほかならない。そのような認定は、神からも嘉《よみ》せられることであり、讃美をもって受け入れるほどの喜ばしいことである（使徒五41参照）。

指導者と従業員の有り方

ペテロ書の記述内容に刺激されて、一企業で平社員から順次上がっていって社長までの三十八年間のサラリーマン生活を経験した者として、振り返ってみた。ペテロは、長老の有り方と若い一般信徒の有り方という面から、それぞれがどのような心構えと姿勢で、その立場に臨むべきかを、ペテロ第一手紙五章に教示している。「長老」（Ⅰペテロ五1）を組織のトップとしての責任者に当てはめ、「若い人」（同五5）を一般従業員に見倣して、それぞれがどのような行動を採るべきか、学んでみたい。

組織の頭《かしら》として働くリーダーは、次のようにすべきである、とペテロは訓戒している。

⑴神に対して、長老が働きを「しいられてするのではなく、……自ら進んで」（同五2）なすように、トップたる者は、リーダーとしての仕事を、神から強制的に義務のように押し付けられて、嫌々《いやいや》ながらその務めをするのではなく、むしろ喜んで自発的に、自分を献げるようにして、組織の頭としての務めを遂行し、負わされた任務を果たすべきである。

⑵事に当たる自分自身の心構えについては、「利得のためではなく、本心から、それ

をしなさい」（同五2）とあるように、自分の私利私欲のために、その事業を進めようとしたり仕事を行っていこうとするのではなく、誠心誠意の真心から、思いを尽くし、心を尽くし、力を尽くして、その委託任務を果たしていくべきである。

(3)社員や従業員に向かっては、「ゆだねられた者たちの上に権力をふるうことをしないで、……群れの模範となるべきである」（同五3）とある。このように、自分が権力を与えられた社長や専務、あるいは会長や理事長の立場にあって、自分のしたい事をしたいように専横的に遂行していくのではなく、その委託された権威、権力を、組織の発展のためや社会へ貢献するための力として、用いていくべきである。そして、下で従う社員たちに対しては、「仕事はこのようにするものである」とか「このような気構えで仕事に取り組むべきである」という模範を、自らの品徳に支えられて、率先垂範しつつ教示するのがよい。

(4)自分が組織の上に立つ長だからといって、人々の上に支配者然としている必要は全くなく、下の者に仕える奉仕者になるようにと、聖書では勧めている（マタイ二〇26〜27参照）。「そうすれば、大牧者（主イエス・キリスト）が現れる時（再臨時）には、（人が与える月桂樹などのしおれてしまうような栄冠ではなく）しぼむことのない栄光の冠を受ける」（Ⅰペテロ五4）ことになる。この冠は、苦難に耐え、艱難を乗り越えて、目的のものを獲得した勝利を表すものであり、全うすべきものに達したことへの、神から付与される真の喜びとその誇りの象徴である。

リーダーに統率されて、その下で働く社員や従業員は、次のようにすることが、ペテロによって勧められている。

⑴「若い人たちよ。長老たちに従いなさい」（同五5）とあるように、組織の群れ全体を発展の方向に導こうとして日夜努力しているリーダーに、精神と行動において、尊敬を込めて、服従するがごとくに従い、身を挺していくべきである。

⑵また、「みな互に謙遜を身につけなさい」（同五5）と訓戒されている。若い人は、ともすると経験不足と能力不足であるにもかかわらず、自分の実力の程度を自覚せずに、また世の長幼の（秩）序を弁《わきま》えないことも加わって、自信過剰に陥り、自分の理想や願望を前面に打ち出して、自己主張することをしやすい。

このような過ちから自分を守る方法は、己れの心の成長成熟度合いや実力の程度といった、自身の姿をよく見つめ、自分が今置かれている状況や立場を弁えて、謙虚になることである。「神は高ぶる者をしりぞけ（られるが）、へりくだる者に（は）

恵みを賜う」(同五5)と言われているが、これは確かなことである。

(3)「自らを低くする」者は、「時が来れば神はあなたがたを高くして下さる」(同五6)ということは、信じるに足ることであり、そこに至るための通るべき道程である。このように確約して下さっている神に固く信頼を置いて、自分の歩みを神の導きに委ね、神からの約束の報いを待つべきである。「神はあなたがたをかえりみていて下さるのであるから、自分の思いわずらいを、いっさい神にゆだねるがよい」(同五7)とペテロは激励している。

以上のような教示と勧告に導かれ、これに従う者は、幸いな仕事人生を務め上げていくことができる。この主の真実に対し、感謝しつつ教えに導かれていきたい。

第二章　ペテロの第二の手紙から教えられること

「いのちと信心とにかかわるすべてのことは、主イエスの神聖な力によって、わたしたちに与えられている。それは、ご自身の栄光と徳とによって、わたしたちを召されたかたを知る知識によるのである。」（ペテロの第二の手紙一・3）

ペテロの第二の手紙の内容

ペテロの第二の手紙の記述内容は、最初に宛先への挨拶、最後に結びとしての勧めと栄光への祈りがある。その間にある主文の大略は、次のように捉えることができる。すなわち、三章あるうちの第一章は、信仰の成長について、第二章は偽教師に関する警告について、第三章は真の知識による希望について、書かれている。

本状を書いたペテロは、何もこのように区切って意図的に三章に書き分けたわけではない。まして、各節数字を付して書いたわけでもない。後々の聖書編集者がこの手紙全体を読んでみて、読者に便利になるようにと、内容のまとまったちょうどよい箇所で区切ってみると、三つに分けられ、結果的に聖書として三章になったということである。また適切と思われる箇所に節数字も付与したものである。

ペテロがこの手紙を書いた目的や理由に焦点を当ててみると、次のとおりである。

現代に至るまで、いつの時代もそうであるが、厳正で聖い生活をしようとするキリスト教とその信者に対しては、この教えと生き方に反対し、対抗してこれを覆《くつがえ》し、安易な人心に受け入れられやすい主義を主張する異教や、理性に訴えて納得させる教理、あるいは間違った解釈をする異端の教え、というものがはびこって攻撃してくる。

その原因は、神の教えが聖にして義、義にして愛なる神から発している教示であることに対し、異教や異端の教えは、罪深い人間の心の根底にある原罪を発出源としており、安易に就きやすい人を惑わす、迷盲な教唆だからである。

ペテロがこの第二の手紙を書いた紀元六六年頃にも、誤った教説や不道徳な行いへの誘い込みによって、信じることを同じくする教会の人々を掻《か》き乱し、キリスト教界を混乱に陥れようとする集団があった。このことに危機を感じ、キリストの群れを養い育成する使命を託された、十二使徒の代表的な一人でもあるペテロが、信徒に対し、信仰の心身を引き締めて警戒するようにと警告を与えた。それがこの第二の手紙である。

ペテロは、本状の第二章で、偽教師たちによる異端的な教えを告発し、これを弾劾することによって、信徒に警告を与えるだけに終わらせることをしなかった。本状の第一章では、イエス・キリストが示す真理に固く立って、堅実な信仰をさらなる高みへと進め、キリスト者としての徳を醸成するように教え、激励している。そして第三章では、キリストの再臨が約束されているのであるから、神の日が来るのを待ち望んで、いよいよ敬虔な生活をするようにと勧告している。

以上の一～三章の教え、警告、勧めを総括して、ペテロは本書簡の最後に、結論的に次のように書いて締め括《くく》っている。「愛する者たちよ。それだから、あなたがたはかねてから心がけているように、非道の者の惑わしに誘い込まれて、あなたがた自身の確信を失うことのないように心がけなさい。そして、わたしたちの主また救主イエス・キリストの恵みと知識とにおいて、ますます豊かになりなさい」（Ⅱペテロ三17～18）。

徳を加える

神は、私たちを「神の性質にあずかる者」（Ⅱペテロ一4）として下さる。ここで言う「神の性質」とは何か。神を表す最も基本的で重要な性質を表現する事柄とは何であろうか。それは、神の自然的属性と道徳的属性と言われる事柄である。

神の自然的属性は、全知、全能、遍在である。そして道徳的属性は、聖、義、愛である。神は、すべてのことを知っておられ、どんなことでもすることが可能であり、天地宇宙どこにでも（それは人間の内にも）遍在しておられる。これが自然的属性である。そして、道徳的属性として、すべてのことから断絶された純粋な聖《きよ》さを持っておられ、至高の義《ただ》しさを保有され、自らを顧みない犠牲的で自己献身の愛を行使される。神は、この自然的属性のほうではなく、道徳的属性の性質にあずかることができる者になるように、私たちを導いて下さる。

神の道徳的属性の個々別々の具体的な現れが徳というものである。その徳を持つようになり、その徳に達することが可能であるように人間は創られており、私たちはその徳を身に付けるように修養を積みつつ、人生を過ごすべきである。そうであるから、このことをペテロは、次のように言って勧告している。「あなたがたは、力の限りをつくして、あなたがたの信仰に徳を加え……なさい」（Ⅱペテロ一5）。パウロもピリピの教会の人々へ、次のように勧めている、「兄弟たちよ。……また徳といわれるもの、称賛に値するものがあれば、それらのものを心にとめなさい」（ピリピ四8）と。このように重要である徳について、中世の大神学者であるトマス・アクィナスも、彼の『神学大全』に、かなりの頁数を使って論述しており、その中で枢要徳の賢明、正義、勇気、節制と、神学的徳の信仰、希望、愛について、その第二部の第二部第一問題から第一七〇問題（第一五巻〜第二二巻）で、緻密に考察を進めて記している。

徳は、信仰が進むにしたがって獲得達成すべき目標の一つひとつであり、信仰が成熟したことを表す、心身の姿勢と行動に表れてくる事柄である。個々の具体的な徳目は、「御《み》霊《たま》の実」（ガラテヤ五22）として総括されており、それぞれの徳は、聖霊が信仰者に信仰の結実として結ばせて下さる卓越的な特性である。

徳としての御霊の実は九つあって、最初の三つが対神の徳であり、中の三つが対人の徳であり、終わりの三つが対自の徳である。すなわち、対神の徳は愛、喜び、平和であり、対人の徳は寛容、慈愛、善意である。対自の徳は忠実、柔和、自制である（同五22〜23参照）。（九つの徳が示すそれぞれの内容については、既刊拙著の『クリスチャン人生　瞑想録』二七八〜二八〇頁をご覧いただきたい。）

この九つの徳の中で、最重要な価値があるものが、道徳的属性としての愛である（Ｉコリント一三13参照）。他の八つの徳は、神の聖と義に含まれ、愛を基《もとい》として出てくる徳性である。この愛は、成長して徳を積んだ信仰者に、次のような具体的な形となって現れてくる。すなわち、①寛容であり、②情深く、③妬まない、④高ぶらない、⑤誇らない、⑥不作法をしない、⑦自分の利益を求めない、⑧苛立《いらだ》たない、⑨恨みを抱かない、⑩不義を喜ばない、⑪真理を喜ぶ、⑫すべてを忍ぶ、⑬神の言われることのすべてを信じ、委ね、従う、⑭どんなことにも失望せず、望みをもって前進する、⑮何があっても挫折することなく耐え抜く（同一三4〜7参照）。

ペテロは彼の第二の手紙の受取人たちに、「神の性質にあずかる者となるために、信仰に徳を加えなさい」（Ⅱペテロ一4〜5参照）と勧めている。同じ尊いキリストの教えを信奉する私たちも、当然のことながら、この徳を身に付けるように努め、信心に修養と研鑽を積んでいく必要がある。

この徳を積んだ人は、聖化されて「全き人となり、ついに、キリストの満ちみちた徳の高さにまで至り」（エペソ四13）、キリストに似る者となる。キリストの再臨時には栄化されて、神の息（聖霊）を吹き入れられ（創世二7参照）、神のかたちに似せて創られた（同一27参照）本来の人間に戻ることになる。

約束と滅び

ペテロは彼の第二の手紙一章4節で、大切な事に言及している。「それらのもの（キリストご自身の栄光と徳）によって、尊く、大いなる約束が、わたしたちに与えられている。それは、あなたがたが、世にある欲のために滅びることを免れ、神の性質にあずかる者となるためである」（Ⅱペテロ一４）と。

ここで言われている「約束」の最終目的は、同章の11節で述べられている「永遠の国に入る」（同一11）ことであるが、その約束に付随した前段階として、①滅びないこと、および②神の性質にあずかる者となる、という二つのことも約束に含まれている。この約束は、主イエス・キリストの栄光と徳に基づいて保障されている。

主イエスの栄光とは、

①御子キリストが三位一体の第二位格の神として、一位格の天の父と共におられた時に、神として持っておられた栄光と権威であり、

②十字架にかかって贖罪を完了させ、神から喜ばれて認承され、復活させせられたという栄光である。

主イエスの徳とは、神としてお持ちの、倫理的道徳的に卓越した徳性であり、主イエスが実際に言動して表しておられる崇高な徳である。

イエス・キリストの栄光によって、私たちは罪赦され、神に受け入れられ、永遠の命が与えられて、御国入国の約束が与えられることになった。そして、このイエス・キリストの徳によって、私たちはきよめへと導かれ、御国に入るのに相応《ふさわ》しい性質を持った者に変えられる。すなわち、「滅びることを免れ、神の性質にあずかる者となる」（同一4）。

ペテロが同節で言っている、「世にある欲」とは、「肉の欲、目の欲、持ち物の誇」（Iヨハネ二16）といった、色情欲、好奇による快楽欲、物欲、所有欲、高ぶりなどの欲のことである。

右に述べた「滅び」と言った場合には、キリスト教では大別して、次の三つのことを言っている。

①物質的なものが朽ち果て、元の形質を留めず、現状のものでなくなること、
②宗教的に、あるいは道徳的に退廃して、尊厳ある人間としての価値を失うこと、
③終末時に最後の審判を受けて、永遠の極苦のゲヘナ（地獄）へ落とされること、
この三つである。

この三つの「滅び」を、聖書の御言葉で確認しておくと、次のように挙げられる。

①について、「被造物自身にも、滅びのなわめから解放され」（ローマ八21）。「死人の復活も、また同様である。朽ちるものでまかれ、朽ちないものによみがえり」（Iコリント一五42）。

②について、「肉欲と色情とによって誘惑し、……彼ら自身は滅亡の奴隷になっている」（IIペテロ二18〜19）。

③について、「自分の肉にまく者は、肉から滅びを刈り取り、霊にまく者は、霊から永遠のいのちを刈り取る」（ガラテヤ六8）。「これらの者は、……分別のない動物のようなもので、……必ず滅ぼされてしまう」（IIペテロ二12）。

ペテロがこの一章4節で言っている「滅び」は、右記の②と③のことである。これを裏付けるように、協会共同訳聖書では、この解釈を採って、「それは、あなたがたがこの約束によって、世の欲にまみれた腐敗を免れ、神の本性にあずかる者となるためです」と訳出している。

信仰に加えていく七段階

華道、茶道、柔道、剣道といった、どの武芸にも道というものがあって、初心者が最初に身に付けるべきことと、その後の熟達者に到るまでに身に付けていくべき術や心得というものがある。それでは、「この道」（使徒一九9、ヨハネ一四6）であるキリスト道といわれる信仰生活においては、新生を受けてから順次聖化、栄化へと進む間に、修養を積むことによって、どんなことを習熟していくべきなのであろうか。それをペテロは彼の第二の手紙の一章に教示している。その教示が、「永遠の国に入る恵み」（Ⅱペテロ一11）を豊かに与えられるに至る七段階であって、同章5～7節に明示された事柄である。

ペテロは次のように奨励している。「あなたがたの信仰に徳を加え、徳に知識を、知識に節制を、節制に忍耐を、忍耐に信心を、信心に兄弟愛を、兄弟愛に愛を加えなさい」（Ⅱペテロ一5～7）。ペテロが信仰に次々と積み上げていきなさいと勧めている七つの事柄を、もう少し詳しく、以下に見てみよう。

①自分がいただいた贖罪の「信仰」に、キリストに満ちみちている徳（エペソ四13）にも等しい、人としての「徳」を加える事。この徳については、本著二つ前のエッ

セーで述べた。

②次に、その「徳」に、「主イエス・キリストを知る（真実な）知識」（Ⅱペテロ一8）と、神に関する真理、および神がお持ちの豊かな知恵に満ちた「知識」を加えること。さらに徳を得るための倫理道徳的生活に必要な知恵と判断の基準となる「知識」を確実に獲得して加えること。

③三番目に、その「知識」には、欲望に惑わされることなく、外部からの悪の誘惑にも負けることがないように、自分の生活と思考を正しく統御する「節制」を加えること。この節制の育成は、自分の内に内住して下さる主イエス・キリストに、すべてのことにおいて導きを受け、その教えに服従することによって可能となる。

④さらに、「節制」に、襲ってくるどんな患難辛苦にも押し潰されることなく、これを乗り越えて、勝利を得ていくための「忍耐」を加えること。この忍耐は、神の約束に対する希望を常に堅持し、苦難の行方の進展を神に委ね、どこまでも神を信頼して従っていくことから得ることができる。忍耐を獲得することに成功した者には、練られた品性が授与されることになる（ローマ五4、新改訳2017参照）。

⑤五番目には、この「忍耐」に加えることとして、神を畏敬し、敬虔に生き、神のみ

こころに忠実に従って、負託された使命を確実に果たしていく「信心」を堅固にすること。この信心は、敬虔とも訳せる語である（協会共同訳、新改訳2017参照）。すなわち、この信心は、信仰生活の中にあって、神を畏れ敬うことと人々を尊敬するという形で表れてくる。敬虔な信仰であるこの信心は、生活していくあらゆる面で、働きを実践していく中に神の現臨を目《ま》の当《あ》たりに見つつ、神の御前を着実に歩む態度の中に現れてくる。

⑥この「信心」の上に、戒めの中でも最高位である神愛と並べて置かれる隣人愛（マタイ二二38〜39参照）の「兄弟愛」を加えること。この兄弟愛は、自分が神から愛されていることを深く知覚した時に、自分の内に自ずと生じてくる愛である。

⑦最後の七番目として、この「兄弟愛」に、神が絶対的に第一に命じておられる「神を愛すること」（出エジプト二〇3、6参照）を加える。そして、兄弟愛を、隣人を愛するだけの段階に留めずに、もっと広く高くして、人類全体に及ぼし、普遍的に人々を愛する、神にも似た「愛」を加え、この愛を自分のものにすること。

信仰生活は、右記のように①信じるという信仰から始まって、⑦神的愛（アガペー）をもって愛するという最高の徳にまで成長する生き方である。と同時に、⑦の神の愛（アガペー）を知って、それを自分の血肉にまですることが①〜⑥の基礎であり、土台となる。

①〜⑦のものを「あらゆる熱意を傾けて」（Ⅱペテロ一5、新改訳２０１７）求めていく時に、その熱心さを神は嘉《よ》しと認め、喜ばれ、神からの賜物として、聖霊を通して与えて下さり、私たちの信仰に加えて下さる。

この①〜⑦を自分に加えるという務めは、自分の最大限の努力をもって、「力の限りをつくして」（同一5）なしていかねばならないと、ペテロは勧告している。自分の信仰に、上記の①〜⑦のような重要な事柄を、次々に加えていくことに励んで、私たちが受けた召命と、他の者の中から聖別して特別に選び出して下さった選びを、実のある確かなものにしていきたい（同一10参照）。

盲目から解放される

主イエスが道を通っておられた時に、生まれつきの盲人が（ヨハネ九1参照）、キリストによって癒やされ、見えるようになって（同九7）、パリサイ人たちから、どうして見えるようになったのかと詰問された。その彼が答えた次の言葉には、意味深いことが含まれている。「（わたしは）ただ一つのことだけ知っています。わたしは盲人であったが、今は見えるということです」（同九25）。この盲人が証言している内容はこうである、「私は生まれた時からの盲人で、全く何も見えない者であった。しかし、あの方（イエス・キリスト）に会って、目に泥を塗られ、シロアムの池へ行って洗えと言われたので、そのとおりにした。そうしたらはっきりと見えるようになった（同九7、11）。あなたがたが私に問い詰めるように、あの方が救世主であるかとか罪人であるかとか、そんな神学的な小難しいことは、私には何も分からない。しかし、このただ一つのこと、すなわち、私が見えるようになったということの一事だけは、私自身に起こったことであり、私にとって体験している事実なのであるから、誰が何と言おうとも、否定することのできない真実なのです。」

私たちは、自分は確かに正しく見えていると思っているが、実のところ、真実なことがまるで見えていないという状況にあるのではなかろうか。この意味で生まれつきの盲人のような者であるとも言える。主イエスは、「私は見えている」と言い張るパリサイ人たちに言われた、「もしあなたがたが（自分は見えていない）盲人であった（と自覚し、認めている）なら、（見えていると言い張る元凶となっている）罪はなかったであろう。しかし、今あなたがたが『見える』と言い張るところに、あなたがたの（内側に）罪がある（ことを示している）」（同九41）と。

ここで主イエスがパリサイ人たちに言われたことは、こうである。「あなたがたは、『自分たちは経験もあるし、しかるべき学問も積んで、知識も知恵もあり、世の中の実情や人心の内側、あるいは社会のこの先がどうなっていくのかなど、諸々のことが分かって見えている。自分がどんな人間であるかさえも見えて知っている』と言い張るが、実は、あなたがたは何も見えていない。あなたがたの内側にある罪が、あなたがたの知性的な目を盲目にしている。あなたがたの内部に巣食っている罪が取り除かれるならば、真実が見えるようになるものを。そのことをさえ、あなたがたは知っていない。」

ペテロは、同様のことを、彼の第二の手紙一章9節で言っている、「これらのものを備えていない者は、盲人であり、近視の者である」（Ⅱペテロ一9）と。肉体的には目が開いていていて、よく見えていると思っているかもしれないが、精神的には、特に神や救世主キリストに対する信仰については、全くの盲目であり近視眼者であると。

ペテロがここで言っている盲人とは、見るべきものを見ようとしないで、自分から目を閉じてしまっている人のことである。近視眼とは、たとえ目は開いていても遠くのものがぼやけて見極めることができず、足元の近いところのものしか見えていない人のことである。

そうであってはならず、ペテロの言おうとしていることは次のとおりである。霊的な目が開かれて、真理が何であるかがはっきりと見え、深慮遠謀して未だ見ていない先のことまで洞察できるような、純粋で高貴な知性の目を持つようになるには、主イエスに出会って、「遣わされた者」を意味するシロアム（ヨハネ九7）の池へ行って、洗礼という洗いを受けねばならない。そうすれば、誰も否定することのできない、ただ一つの事実が起こり、「自分は見える」と言い張ることができる者となる。

私も母方の遺伝を受けて子供の頃から近視眼であり、老年の今に至るまで眼鏡の矯正機能にお世話になっている。それよりも、青年の頃から哲学や倫理学、人生論などをやって、私は自分は見えていると自信を持って、パリサイ人に並んでいた。「実は自分は盲目だったのだ」ということは、二十二歳の時に主イエス・キリストに出会って、罪赦され、神の家族に加えられるようになって初めて知り、自覚するようになった。それから少しずつ霊の目が開かれていき、わずかではあるが真理が見えるようになってきた。

「(自分は見えると言い張る)盲人が(同じような)盲人を手引きするなら、ふたりとも穴に落ち込むであろう」(マタイ一五14)と主イエスは言われる。こうならないために、真実がはっきりと見える、心の目の開かれた者になっていきたい。

目撃者としての不動の確信

ペテロは、自分は「ご威光の目撃者」（Ⅱペテロ一16）であると宣言している。何を目撃したと言うのであろうか。主イエスが十字架にかかることが間近に迫ってきていた時期に、変貌山（タボル山かヘルモン山）頂で、まばゆいほどの光に包まれて姿が変わり、そこで、律法を代表するモーセと預言者を代表するエリヤとの三人で、これからエルサレムで起こる贖罪のための事件について話し合われ、激励を受けたことである（マタイ一七2〜5、マルコ九2〜4、ルカ九28〜31参照）。

イエスに連れられて高い山に一緒に登ったヤコブ、ヨハネと共に、ペテロは、イエスが栄光の姿に変わられたことを目撃しただけでなく、天からの重要な神の声を聞いた。「これはわたしの愛する子、わたしの心にかなう者である。これに聞け」（マタイ一七5、ルカ九35）。ペテロはここで、「イエスと共に聖なる山にいて、わたしたちが共に聞いた天からの声」（Ⅱペテロ一18参照）を紹介している、「これはわたしの愛する子、わたしの心にかなう者である」（同一17）と。

この天から聞かされた神の声の内容は重要である。すなわち、

①イエス・キリストは、天の父なる神によって「愛されている神の御子」である。御子は神から一体的に深く愛されている。
②神が計画され、人の救いと御国完成のために神がしようとされていることを、全面的に実現するように代わって実行する、このことを御子が受け入れ、神も信任しているという意味で、御子は神の「心にかなう者」である。
③神のみこころや御旨、神がどのような性質や存在の方なのか、どのような思いで意図され、救いの経綸を計画されているのか、神の優れた豊かな知恵の内容など、神に関して知りたい、明らかにしてほしいということがあるならば、それらのすべてのことは、遣わすイエス・キリストに問うて「これに聞き」、答えを受け取りなさい。

この①〜③の三つのことを、天の父はペテロたちに言われたのである。

だから、ペテロは目撃して自分の耳で直接聞いたのであるから、自分としては目で見て耳で聞いたことをそのまま伝えればよいのであって、何も「巧みな作り話なんかを仕立てて、人々に語る必要はないのだ」(同一16参照)と言っている。

ペテロにとって、このイエスの栄光への変貌を目撃し、天からの声を聞いたことは、ペテロの生涯を決定づけた。この後のペンテコステで聖霊を通して確証を受けたペテロは、迫害投獄されるようなどんな患難を受けても、主イエスの復活を含め、「自分の見たこと聞いたことを、語らないわけにはいかない」（使徒四20）と言って、この姿勢を崩すことなく貫き通した。そして生涯にわたって各地に自分で見て聞いたことの宣教を続け、ここに示すような書簡も書いて送り、最後にはローマ市内で逆さ十字架の殉教に処されることも辞さなかった。

ペテロひとりに限らず、私たち誰もが、信仰を持つようになる最初の入口で重要なことは、聖書の御言葉をもって、自分への天からの語りかけを自分の霊の耳で確かに聞き、霊の目でもって見て確認することである。すなわち、信仰原体験をすることである。

明けの星を待つ

「今晩は土星と火星が最接近して見える」といって、南天中空を眺めたり、まだ薄明かりの残っている赤く染った夕映えの西空に、一際《ひときわ》キラキラ輝く宵の明星金星を美しく見ることがある。だが、早朝の曙を間近にした、まだ薄暗い時分に、明けの明星（金星）を見る機会は少ない。まだまどろみの暖かい床の中にあるからであろう。

この明けの明星を譬《たとえ》にして、ペテロは、イエス・キリストの再臨を、気を引き締めて待つようにと、覚醒を促す言葉を与えている。「あなたがたも、夜が明け、明星がのぼって、あなたがたの心の中を照すまで、この預言の言葉を暗やみに輝くともしびとして、それに目をとめているがよい」（Ⅱペテロ一19）。

夜明けに昇ってくる明星とは、再臨のイエス・キリストのことである。主イエスが必ず再び来られると、旧約聖書にも新約聖書にも預言されているし、主イエスご自身の口からも、「私は再び戻ってくる」と言われた。たとえば、次のようにである。

「わたしは彼を見る、しかし今ではない。わたしは彼を望み見る、しかし近く（の時）ではない。ヤコブから一つの星が出（キリスト初臨）、イスラエルから一本のつえが起る

（キリスト再臨）」（民数二四17）。「わたし（イエス・キリスト）は、ダビデの若枝また子孫であり、輝く明けの明星である」（黙示録二二16）。「行って、場所の用意ができたならば、またきて、あなたがたをわたしのところに迎えよう」（ヨハネ一四3）。「わたしはあなたがたを捨てて孤児とはしない。あなたがたのところに帰って来る」（同一四18）。

イエスが再臨される時の状況は、世がまだ暗い、世的に腐敗し、暗黒の中にある時である。しかし、主イエスは、曙の兆候と共に明けの明星が昇るように、暗天に一際輝いて来られる。この暗黒の世に強裂に輝いて主イエスが再び来られても、眠っていたりまどろみの中にある者には、これを見ることができない。知ることもできない。だからペテロは、夜が明けきれぬ薄暗い中にあっても、しっかりと目を醒まし、預言されていることを頼りに、主がいつ来られてもいいように準備を万全にして、待ちなさい、と戒告している（IIペテロ一19参照）。

油断することなく、しっかりと目を醒まし、いつ主が来られてもよいように、準備を整えて待ちなさいとの警告は、主イエスも何度かされている。たとえば、灯《ともしび》の油（聖霊）を十分に用意して、花婿の到来を待つ賢い五人の乙女と、準備不十分のために婚宴席から締め出された愚かな五人の乙女の譬（マタイ二五1〜12参照）とか、主人の帰着を、今か今かと準備を怠りなくして待つ忠実な僕の譬（ルカ一二35〜40、42〜47参照）などである。

私たちも、暗い世に生活していたとしても、まどろむことなく常に精神的に目を醒まし、準備を万端整えて、いつ主の再臨があっても、「お待ちしておりました」と迎えに出られるようにしていたい。

聖霊による聖書記述と解明

「聖書の預言はすべて、自分勝手に解釈すべきで（は）ない」（Ⅱペテロ一20）と、ペテロは勧告している。このように言われることと、この後に続いて書かれている言葉とは共に、聖書の御言葉の霊感説を説き明かす場合、御言葉解釈には聖霊による「照明」が必要であると語られるときに、よく引用される御言葉である。だが、そのためにのみペテロは、この言葉を書簡に書き残したわけではない。

ペテロが書簡に記して送った本来の意図は、同書一章19節にあるように、旧約聖書に記されている預言は、神的起源を持ったものであり、預言者は神の代弁者としての役割を担ったということである。このことをペテロは読者に伝えたかった。だからこの一章20節、21節の言葉を語る前に、自分は変貌山でのメシヤの目撃者であり、神の声を聞いたが（同一16～18参照）、この見て聞いたことによって旧約聖書に預言されていたことは、ますます確信するものとなった（同一19参照）。それで再臨があるまで預言に目を留めていなさい（同一19）、と勧告したわけである。

それ以外に、ペテロの意図として、この後にすぐに続いて書かれている「にせ教師」

（同二1）が、聖書の預言を勝手に解釈して人に説いているので、そんなことをしてはいけない、聖書に記述されている文言は、自分勝手に解釈してはいけない、と信徒に覚醒を与えるためであった、と推測することも可能である。

そうは言っても、ペテロの本心の意向にかかわらず、神は、聖書記述がどんなものであって、その解釈はどのようにすべきかを、ペテロをお用いになって、神の真理としてペテロの書簡内に書かせて、私たちを含めた後々の人々のために、聖書に記して残された、とも受け取ることができる。この神の意図であり目的を、以下の叙述で確かめてみよう。

なぜ聖書の預言（御言葉）を、自分勝手に解釈してはいけないのだろうか。それは、聖書の御言葉は、人言ではなく神言だからである。人が思考して書いた人間の思想や論述であるならば、人の理性や感性を使って、自分なりに解釈することは、個人の自由であって誰からも咎められることではない。しかし、聖書の御言葉が神の言葉、すなわち、神から発せられて、神の啓示を聖霊が取り次ぎ、それを聖霊の導きによって、著者の特性を生かしつつ、人の手を通して書かせたものだからである。だからペテロは、「預言は決して人間の意志から出たものではなく、人々が聖霊に感じ、神によって語ったものだからである」（同一21）と言っている。

神の意図や神の大計画である「神の救いの経綸」は、真の神を知っており、神の分身ともいえるほどに神と一致した能力と性質を保有した存在、すなわち三位一体の神の第三位格である聖霊でなければ理解できず、神の意図した意味のとおりに聖書の文言を人に伝えることができない。罪深く能力の限られた人間には、その頭脳を使って、神言を書くことも解釈することもできない。

神から啓示によって伝えられ、人の手によって文字化された聖霊の文言である聖書の御言葉は、文字化までの間に働かれた聖霊の助けである「照明」という、聖霊による人間への打ち開きの解明がなければ、人は聖書に書かれた神の真意を、理解することも受け取ることもできない。

聖書の文言は、神により聖霊を通して、人の手によって書かせられたものではあるが、ここで間違ってはならないことは、聖霊が神言を人間の言葉と文章にする時に、人がタイプライターを打つ機械のように人を用いたということではないことである。文字化、文章化には、十分に人の人格を尊重することがなされており、人間の尊厳が保たれ盛り込まれて、聖書記述者の特性である個性や理性まで総動員して書かせられた。

これをもう少し具体的に言うと、神が聖書を記者に文言化させようとされた場合に、記者の霊（の器）に啓示内容を聖霊によって届けさせ、その聖霊は、記者の霊と知性に霊的な準備を整えさせ、記者に啓示内容とその意味を明らかに示して霊感させられた。文章化するに当たっては、聖霊は、記者の個性すなわち性格、関心、文体の特徴、生活背景と体験などを加え、記者の理性・感性だけでなく、霊性をも総動員させて、文章化することを助け導かれた。

聖書を結集させるときにも、神は同じように聖霊が働くようにさせ、人々を霊感させて導き、この霊感を聖書の一部分にだけでなく、聖書全体に与えて、聖書を神言の結集である神の言葉とされた。

私たちは、聖書全体のそこに記されている神の御言葉を、自分勝手に解釈することなく、聖霊の照明と導きを受けつつ、神のみこころを正しく理解し、受け取っていくようにしたい。

「にせ教師」とは

ペテロは、その第二の手紙の二章1節に、「にせ教師が現れる」（Ⅱペテロ二1）と言って警告している。このにせ教師とはどんな人々なのだろうか。

「にせ教師」の特徴としては、次のようなことが挙げられる。

①旧約聖書に預言して記されていることや、パウロ等の使徒たちが啓示を受けて記した書簡の記述内容を、神意によって示された意味のとおりには理解せず、自分の独善的な考えや欲望に基礎を置いた主張によって曲げて解釈し、これを人々に説いて押し付けていた（Ⅱペテロ一20〜21、二1、3、三16参照）。

②イエス・キリストが神から遣わされた御子であり、私たちの贖い主であることを受け入れず、キリストが主であることを否定した（同二1参照）。

③自分の主義主張に基づいて生活し、聖なる神の訓戒には従おうとはしないので、当然のことながら、その結果として不道徳な生活を続けた（同二2、10、13、14、18参照）。

④キリストをメシヤ（救世主）と認めないだけでなく、キリストが復活、昇天された

ことも、また、再び来られるということも信じずに、そんなことは作り話だと言いふらし、再臨やその教えを信じる人々を嘲笑した（同二10、12、15、18、21参照）。

ペテロがここで「にせ教師」（同二1）として警戒するようにと、信徒の覚醒を促すことに努めている（同三1、17参照）論敵は、初期のグノーシス主義と関係のある者と想像して間違いない。

グノーシスとは、ギリシヤ語で知識や認識のことであり、グノーシス主義とは、人の頭脳で考え出して組み立てた哲学的宗教的な思想である。このグノーシス主義は、キリスト教が伝播していった地域と重なって、紀元二世紀には最も顕著になり、盛んになった。

グノーシス主義には、いくつかの異色な特徴がある。すなわち、

①霊的に示され霊的に知ったという「霊知」ということを重要視し、強調した。

②霊と肉（人間の身体）、あるいは霊と物質とを完全に二つに分けて考え、前者を純粋で神秘的な良いもの、後者を罪悪性を持った堕落したものとして取り扱い、論じた。このように徹底した二元論を主張した。

③キリスト教の終末論に反対し、そんなことは起こりえないとして、キリストの再臨や私たちの復活、最後の審判、新天新地の出現などの終末事象へ、懐疑的な立場を

とった（同三4、13参照）。

④キリストは人間のように見えたにすぎないのだ、との仮現論（ドケティズム）を説いて、キリストの人性を否定した。

⑤戒律的で禁欲的な生活をする分派もあれば、全く反対に、身体を卑下して不道徳な生活をするグループもあった。

このようなグノーシス主義の傾向と考え方は、パウロやペテロなどの宣教によって各地に誕生していった教会の中にも入り込んできて、信徒はこの教説に惑わされる危険に曝された。その兆候の最初は、紀元五〇年代中頃にはコリント教会にあり、六〇年代にはコロサイの教会に見られ、八〇～九〇年代にはヨハネが書簡を送った小アジヤの教会にもあった。これらのそれぞれの教会宛に送られた手紙には、この誤った偽《にせ》の教えに騙されないように警戒するよう、強く警告を与える記述がある。

グノーシス主義やその他の主義主張に染った偽教師たちの生活は、その思想や考えが、聖なる神に根差すものではなく、原罪を根底とした人間の理性から案出されたものであるために、あるグループは、どうしても不道徳な生活に陥らざるを得なかった。すなわち、

①節制を欠いた放縦な生活（同二2、13参照）、

②性欲を野放しにした、限度を超えた好色（同二10、14、18参照）、
③自分は高度な知識と能力を持った有能な者であるとの高ぶりと、その反動として出てくる、人々への嘲笑と卑下といった傲慢な態度（同二10参照）、
④自分と考えや主張を同じくする人々が、仲間として群れを作る分派の形成、
などであった。

偽教師にはよくよく注意し、間違った道に入り込むことのないように、正統な信仰に歩むことを堅持していきたい。

にせ教師からの断絶

キリストの道へ入った者でも、この道から逸らそうとする誘惑に会うことは多い。不信に陥らせ、キリストから離れさせようとする、サタンから来る惑わしである。

それが患難や苦難という惑わしであるならば、目を覚まし気を確かに持って、陥らないよう対処するから、誘惑される確率は少ない。しかし、人からやって来る偽《にせ》の教えには、正しいことを説いているのか間違ったことを言っているのかの判定が難しく、ともすると騙されて、気が付いた時には誘惑された渦中にあるということが多い。

ペテロは言う、「にせ教師が出てくるから、目を覚まして、警戒していなさい」（Ⅱペテロ二一1参照）と。にせ教師の特徴は、「滅びに至らせる異端をひそかに持ち込む」（同二一1）ことであり、「あがなって下さった主（イエス・キリスト）を否定する」（同二一1）ことである。

歴史上において、異端であるとのレッテルを貼られた教えや集団は、古くはネストリオス主義とかサベリウス主義、現代にあっては、ものみの塔、エホバの証人などがある。ここでの「異端」（同二一1）は、にせ教師との関連から、「啓示された真理を否定し、誤った教えを主張する分派あるいは偽りの教え」のことであると見てよい。

ペテロが「主を否定する」（同二1）と言っている意味は、イエス・キリストが十字架で私たちのために贖罪して下さったことや、それによって天の父から私たちが罪赦され、永遠の命が与えられるようになったとの、キリストが救い主であることを彼らが否定して、そんなことはあり得ない、まやかしであると吹聴することである。

したがって、私たちの周りに、何かの教説を説く教師がいた場合に、その教師が本物か偽者かを判断する一つの基本的な基準は、その教師が、イエス・キリストを救い主であると肯定しているか否定しているかを見ればよく、その肯定・否定で判定できる。異端は、自分がメシヤであると主張したり、また、キリストの神性を否定し、キリストの贖罪を拒否するという特徴を持っている。

聖書によるキリストの福音は、「真理の道」（同二2）であり、「正しい道」（同二15）であり「義の道」（同二21）であるが、異端は、迷いへの道、貪欲や放縦に引きずり込む道（同二2、18参照）、滅亡に至らせる道である（同二1、3参照）。

御子イエス・キリストを深く知ることと、世の汚れを受けずにきよさを深めていくことは、比例して並行する。キリストを知れば知るほど、世の汚濁から離れて、神の聖さへ高く上って行くことができる。ペテロは言う、「主また救主なるイエス・キリストを知ることにより、この世の汚れからのがれ」（同二20）られると。キリストが罪の贖い主であり、きよめ主であることを、人からの説得や論理の知識によってではなく、神とキリストの愛を体験し、心の内奥にある霊によって知ることによって、快楽や虚栄や色情といった世の汚れに溺れることなく、これらから遠く離れ、ますます神に近づいて行くことが可能になる。

迷いの道に誘惑されることから自分を守ることに戦々恐々とするのではなく、聖書が伝える福音をしっかりと握って、積極的に勝利の道を前へ前へと進めて行きたい。

無知からの解放

母親の胎からこの地上に産み落とされた、生まれながらの人では、見ることができないものがある。すなわち、「生まれつきのままの人間」（ユダ19、新改訳２０１７）では、知ることができないものがある。それが、十字架の意味とか、神からのいのちというものである。神のあわれみと聖霊の助けによる導きがないと、これらのものは、私たちの理性や感性によっては知ることも見ることもできない。このような状態を、聖書では「無知」（Iペテロ一14、Iコリント一五34）と表現する。

なぜ、生まれながらの人は、どれほど学問を積み、知識を増やしていっても、無知の状態から脱け出せないのであろうか。それは、原罪という罪が、その人の霊の目と霊の耳を閉ざしているからである。利己心や欲情（ローマ一24、IIペテロ二3、10参照）といった原罪が生み出す諸々の罪が、霊眼、霊耳を塞ぎ、内奥の霊（の器）を閉ざしているからである。

霊の眼や耳が閉ざされている生まれながらの人は、「彼らの知力は暗くなり、その内なる無知と心の硬化とにより、神のいのちから遠く離れ、自ら無感覚になって、ほしいままにあらゆる不潔な行いをして、放縦に身をゆだねている」（エペソ四18～19）という状態に放置され、そしてパウロが言うように、本人の「なすがままに任せられる」（ローマ一26、28参照）ことになる。

このような人の末路が、永遠のいのちに至るわけがなく、彼らに待っているものは、永遠の滅びである（Ⅱペテロ二1、3、12参照）。

それでは、どうしたらこのような無知から解放されて、真実な真理が見えるようになるのであろうか。どうしたならば、自分に滅亡を招くのではなく、「いのち」（同一3）を得られるようになるのであろうか。それには、「主であり、救い主であるイエス・キリストを知ること」（同二20、新改訳２０１７）であり、「義の道を知って、自分に伝えられたその聖なる命令に」（同二21、新改訳２０１７参照）に従うことである。そうするならば、救いが与えられ、きよめへと導かれ、霊眼霊耳がしっかりと開いた、いのちを豊かに持った者としていただくことができる。

無知から解放されて、人間としての真の自由を満喫しつつ歩む者に、していただきたいものである。

宴席に注意する

宴席が悪いものであるとは決して言えない。愛餐会とあるように、人々が共に集って、持ち寄ったり献げた物を飲食することは、教会内でも（Ｉコリント一一20参照）、天国でも行われる（マタイ八11参照）。

しかし、この宴席が悪を生み出す場となることがある。いや、このような悪を生み出す宴席のほうが多いと言ったほうが、当てはまっているかもしれない。新年会や忘年会あるいは居酒屋に於いて、日頃心通《かよ》わせ合った仲間同士が、和気藹々《わきあいあい》として飲食を楽しむのならよいのだが、時に心を許し過ぎて、出席していない人の悪口、陰口を言い合うことに走ったり、あの人を陥れようなどと共謀を図る場となることがある。私の経験では、「〇〇さんを呪い殺す会」などと名付けられた宴席も数回あった。心が浮き浮きして楽しくなり、歌を唄い合うくらいならまだよいのだが、時には深酒にまかせて羽目を外し、無礼講などと称して、乱痴気騒ぎに発展することもある。

宴《うたげ》というものは、人々が愛餐会のように、主にあって飲食を共にし、自分が主によって恵まれたこととか知人の行いによって励まされたこと、あるいは隣人から助けられて力づけられたとか、主からの導きを受けて解決に向かったなどと、証詞し合うのが本来の有り方である。または、宴席を共にする相手を認め称えるようにして、互いの徳を建てるような会話を楽しむことが目的である。パウロは、「食物のことで、神のみわざを破壊してはならない」（ローマ一四20）、「平和に役立つことや、互の徳を高めることを、追い求めよう」（同一四19）と勧めている。

ところが時に、彼らが「宴会に同席して、だましごとにふけっている」（Ⅱペテロ二13）ようになるのは、その宴席が人間のいろいろな貪欲で支配されてしまっており、汚れてしまっているからである。「その目は淫行を追い、罪を犯して飽くことを知らない」（同二14）ようになる。

宴席には悪い面ばかりでなく、確かにいい面もある。しかし、「あざける者の座にすわらぬ人はさいわいである」（詩篇一1）とあるように、世で催される宴会には、人の汚穢《おわい》がもろに出てきて演じられる機会が多いことも確かである。そこで私は酒の出る宴席にはできるだけ出なくてよいように工夫・決断し、神の守りを願って、そのような集いからは極力遠ざかるように長年努めた。

飲食の伴う会合であるならば、主からの祝福が満ちているような場にしていきたい。

「正しい道」を行く

ペテロが言う「正しい道」（Ⅱペテロ二15）とは、どんな道のことなのであろうか。「道」という言葉は、ペテロが好んで用いる言葉であるが、聖書内の各所でも多用されている。主イエス・キリストご自身も、ご自分を指して、「わたしは道であり、真理であり、命である」（ヨハネ一四6）と言われた。

「道」とは、どこからか出発して、目的地に向かうために通っていく筋路である。この道を進んで生活していくことを、キリスト教ではよく「歩む」と表現される。キリスト教において、歩む道の出発点は、悔い改めて生き方の方向を変え、キリストの贖罪を受けて罪赦され、神と和解して神と交わりを持つようになり、永遠のいのちが約束されるところの新生という状況である。新生を出発点として、歩む道の向かうべき到達点は、神の御国である。道を歩んで行く目的は、自分に備えられた各自の個別の人格が神の性質に与《あずか》り（Ⅱペテロ一4参照）、自分の内にある霊魂に神の属性の聖・義・愛を注入されて、品性が神の似姿に変えられて最終的に栄化され、創造時の本来の人間の姿に戻ることである。その出発点から始まって、目的地に到着するまでの人生の間になされる過程が聖化であり、道を歩むことである。この新生↓聖化↓栄化へと歩む道が「正しい道」である。
この「正しい道」(同二15)は、
①バプテスマのヨハネが説いた「義の道」(マタイ二一32)であり、人が人生を正しく歩んでいかれるように導く道である。そして、人が神の義に到達するために辿るべき道であり、その先において霊魂に神の義が付与される道である。
②さらに、この「正しい道」は、ダビデが主イエスについて詠《うた》った「いのちの道」(使徒二28)であり、この道に従って歩んでいくならば、永遠のいのちに至る道である。
③この「正しい道」は、「主のまっすぐな道」(同一三10)でもあって、この道を歩む者は、右にも左にも曲がることなく、迷うこともなく、最短にして確実に神の光栄に達する道である。この「まっすぐな道」を行く者は、神の豊かさに恵まれつつ歩むことになる。しかし、この道を行かない別の道を行く者は、誘惑や迷盲に陥ったり(IIペテロ二15参照)、悪徳にはまり込んだり(同二13~14参照)、その先でサタンの奴隷となって(同二19参照)、神の審きを受け、永遠の滅びへと落とされることになる(同二12参照)。

「正しい道」を行くには、どうしたらよいのだろうか。正しい道を行って神の国に到達するための生活の仕方は、聖書全体に教示されている。その最重要な要点は、世の「すべての人を照すまことの光」（ヨハネ一9）である主イエス・キリストから目を離さずに注視して常に従い、導きを受けつつ、日々キリストと共に歩むことである（Ⅱペテロ一3～4参照）。

何があっても、いのちに至る「正しい道」を歩んで行って、本来の人間の姿を取り戻し、自分が生まれた故郷（エペソ一4、ピリピ三20参照）へ辿り着きたい。

召命に生きる

ペテロが次のように言っている。「彼らが、主また救主なるイエス・キリストを知ることにより、この世の汚れからのがれた後《のち》、またそれに巻き込まれて征服されるならば、彼らの後の状態は初めよりも、もっと悪くなる」（Ⅱペテロ二20）。このことは、ペテロがかつての自分を思い出して言っているのかもしれない。

彼が十二使徒に選ばれた後にあっても、主イエスがゲツセマネの園で捕えられて、大祭司カヤパの官邸で、十字架につけられる直前の審きを受けている間、その様子を窺《うかが》っていたペテロは、「あなたもあの人の仲間だ」と言われて（マタイ二六69参照）、三度も「違う、関係ない」と否定した（同二六70、72、74参照）。このことの前にペテロは、「わたしは獄にでも、また死に至るまでも、あなたとご一緒に行く覚悟です」（ルカ二二33）と壮語していた。それなのに、この失態を犯してしまい、官邸から走り出て激しく泣いた（マタイ二六75参照）。その後に、主イエスから「あなたが立ち直ったときには、兄弟たちを励まし、力づけてあげなさい」と言われた（ルカ二二32参照）。さらに、「あなたは帯で締められ、行きたくない所へ引いて行かれる」（ヨハネ二一18参照）と、主イエスから殉教の予告をされた。そして、ガリラヤ湖畔で復活のイエスに会って、「わたしの小羊を養いなさい」との招きを三度受けた（同二一15、16、17参照）。その召命に従うことによって今がある。これらの一連の紆余曲折の自分史を思い出し、しみじみと顧みて、上記の言葉（Ⅱペテロ二20）を、自分事のようにペテロは語ったのかもしれない。

さて、ペテロが受けたこの召命という面を考察する上で、他の事例も見てみたい。

主イエスがサマリヤのスカルという町に行って、ヤコブの井戸端で、サマリヤの女と会話を交わした出来事において（ヨハネ四4〜26参照）、私たちはともすると、この女がイエス・キリストによって目覚めさせられ、救われたということに注意が行きがちである。だが、この女が「主よ、わたしがかわくことがなく、また、ここにくみにこなくてもよいように、その水をわたしに下さい」（同四15）と求めて、これがイエスによって満たされた（同四29参照）わけであるが、このことよりもむしろ、主イエスがこの女に、「水を飲ませて下さい」（同四7）と言われたことに注目して、この女が主イエスの要請に応答したことのほうが重要である。

私たちは、しばしばこの女性のように、自分の渇きを主が癒やして下さることを、御子イエスや天の父に求めやすい。求めて当然のことと思っている。しかし、神にとって、そして信仰にとって重要なことは、自分の渇きを癒やしていただくことではなく、主イエスの渇きを私たち自身が満たすことである。

主イエスの渇きを私たちが満たすということを、もう少し明確に理解するために、召命と奉仕の違いという面から確認してみたい。召命とは、神が自分を選んで招き、神の働きに応じるように強く要請されることであり、この招きに応じて、そのご命令に進んで従うことである。もう一方の奉仕は、自分の好むことを、自分のできる範囲で、神が喜んで下さるであろうと、報酬を期待せずに行動していくことである。召命は、神のご意志が先行してそれに自分が服従することである。これに対し、奉仕は、自分の意志と判断が先行して、むしろ自分の喜びのために、働きを為すことである。

主イエスの渇きを満たすということは、召命に応じることであって、奉仕によって満たすことではない。どんなに奉仕をしたとしても、それは奉仕の積み重ねであって、召命に応じて従ったというものにはならない。私たちは、今自分が働きをして捧げていることが、自分の喜びを主眼とした奉仕なのか、神が自分に求めてこられる召命に応じて服従しているることなのか、一度立ち止まって確認してみる必要がある。

自分の渇きを満たそうとする奉仕に就くのではなく、主イエスが「わたしの渇きを満たしてほしい」と待っておられる召命のほうに切り換えていくのでなければ、私たちの人生が本当に実のあるものではないことになってしまう。

その働きが召命によるものなのか、それとも奉仕としてのものなのかを判断する基準の一つは、聖書の御言葉による自分への要求に基づいているものなのか、そうではないのかで、見極めることができる。御霊は神のご意志をともなった息である。神の示しによる聖霊の息を胸いっぱいに吸い込んで、神のご意志であるその呼気を自分の内から吐き出していくことが、召命に応じることである。

同じ生きることであるならば、神からの霊による示しを受けて、そのことのために自分のいのちを注ぎ出し、自分の存在のすべてを投入して、神の満足していただける働きである、召命の中に生きて過ごす人生でありたい。

備えて再臨を待つ

宇宙物理学や天文学によると、生まれた星もいつかは寿命が来て、膨張や爆発によって消えてなくなる。太陽のような、内部の核融合反応によって自燃して輝いている恒星も、エネルギー源となる内蔵の原素を使い切れば、大きさによって、超新星爆発によって姿を消すか、赤色矮星になって膨張を続け、気薄となり、跡形を残さない状態となる。赤色矮星化した太陽は、膨張によって高熱物質を発散させながら、地球を含む水星、金星、火星などの惑星を次々と飲み込んでいき、太陽系は崩れ去っていく。

自然界でも起こるこれらのことを知っている私にとっては、聖書の次の記述も、右記のことを言っているのではないとしても、異和感を感じないで読める。「主の日は盗人のように襲って来る。その日には、天は大音響をたてて消え去り、天体は焼けてくずれ、地とその上に造り出されたものも、みな焼きつくされるであろう」(Ⅱペテロ三10)。

信仰を嘲笑する者が、世には少なからず存在している。中でも彼らによる嘲《あざけ》りの対象の一つになる事柄が、キリストの再臨信仰である。ペテロが次のように言うとおりである。「(終末の世の) 終りの時にあざける者たちが、あざけりながら出てきて、自分の欲情のままに生活し、『主の来臨の約束はどうなったのか。先祖たちが眠りについてから、すべてのものは天地創造の初めからそのままであって、変わっていない』と言うであろう。すなわち、彼らはこのこと（キリスト再臨）を認めようとはしない」（同三3〜5）。

嘲る者の特徴は、

①聖書の戒めや約束の言葉を信じない、

②自分の欲に従って生活する、

③キリスト再臨を信じないで、神の審きを否定する。

だが、彼らがたとえそのように振る舞おうとも、昔から預言されていた救世主イエス・キリストの初臨は、すでに人類の歴史上にあって実現したし、この事実から憶測すると、預言されている再臨も、あっても不思議ではない。

それではその再臨がいつあるのか。それは人間には分からない。「主にあっては、一日は千年のようであり、千年は一日のようである」（同三8）。いつであるかを推定して時間を計り、予測しようとするのは人間の側であって、神ではない。神にとっては一日も千年も違いはなく、時間の流れは常に現在である。人間には、無限で永遠である神の時間や時の経過というものを把握することはできない。ある事が起きるまでの時間が長いなと思ったり、もう起きてしまって短いなと感じるのは人間の側であって、神には神の計画や神が定めた時がある。それは長くも短くもなく、ご意志どおりに時にかなって実行されることである。

　神が再臨までの時を延ばしておられるのは、再臨後は、現在の世界はすべて消滅させられ、新天新地となり、再臨後には、罪赦されて神の家族とされる救いの機会はない（同三10、13参照）からである。だから、神は、一人でも多くの人が救いに入れられるようにと、再臨の時を延ばしておられる。「ある人々がおそいと思っているように、主は約束の実行をおそくしておられるのではない。ただ、ひとりも滅びることがなく、すべての者が悔改めに至ることを望み、あなたがたに対してながく忍耐しておられるのである」（同三9）と、ペテロが言っているとおりである。

　ペテロがこの言葉によって言っていること、すなわち「あなたがたに対してながく忍耐しておられるのである」（同三9）に、刮目《かつもく》して注意を向ける必要がある。ここで言っている「あなたがた」は、すでに救いを受けて、信仰の道を歩んでいる人々に対してでもある。そのような人々に対して、再臨の日を延ばして、主は「ながく忍耐しておられる」ことに注意しなければならない。

再臨が遅いと思っているキリスト者は、再臨があった時には、自分は御国へ携挙されるものと決め込んでいるのではなかろうか。だが、御国へ携え挙げられる人は、「義の住む新しい天と新しい地」（同三13）に相応《ふさわ》しい品性になっている人であって、誰もが全員というわけではない。この事を知っているだろうか。主イエスが、再臨があった時には、「ひとりは取り去られ、ひとりは残される」（マタイ二四40、41）と言われたことを、肝に命じておかなければならない。

キリスト者が品性を整えられるようにと、主は、再臨の時を遅くして、耐えて待っておられるのかもしれない（Ⅱペテロ三15参照）。だからペテロは、次のように言う、「あなたがたは、どれほど聖い生き方をする敬虔な人でなければならないことでしょう」（同三11、新改訳第三版）、「愛する者たちよ。それだから、この日（再臨日）を待っているあなたがたは、しみもなくきずもなく、安らかな心で、神のみまえに出られるように励みなさい」（同三14）と。イエス・キリストは「きずも、しみもない」（Ⅰペテロ一19）方であった。

いずれにしても、「主の日は盗人《ぬすびと》のように襲って来る」（同三10）。眠りこけていたら、夜間に盗人が来ても、来たこと自体に気が付かず、被害や損失を被ることになる。しかし、目覚めていつ来てもよいように警戒している者は、襲って来る気配や様子までも読み取ることができる（マタイ二四42～44参照）。

私たちは、主がいつ来られてもよいように準備して、「極力、きよく信心深い行いをし」（IIペテロ三12）つつ、主の再臨を待っていたい。そうするならば、「その（再臨の）日の来るのを早め」（同三12、新改訳第三版）ることができるかもしれない。

無理な解釈をしない

ペテロが次のように言っていることに注目してみよう。「彼（パウロ）は、（彼の）どの手紙にもこれらのこと（主の寛容な救い）を述べている。その手紙の中には、ところどころ、わかりにくい箇所もあって、無学で心の定まらない者たちは、ほかの聖書についてもしているように、無理な解釈をほどこして、自分の滅亡を招いている」（Ⅱペテロ三16）。

まずは、この御言葉に記されている「ほかの聖書」（同三16）とある「聖書」について見てみよう。この「聖書」には、ギリシヤ語で「グラフェー」という語を、ペテロは使っている。「グラフェー」は、聖書そのものを特定して言う語ではなく、神聖な資料との意味で尊重された書類に対して幅広い適用をもって用いられた語であるとのことである（マイケル・グリーン『ティンデル聖書注解　ペテロの手紙第2、ユダの手紙』いのちのことば社、二〇〇九年、一九六頁参照）。

当時において「聖書」と言われるものは、旧約聖書しかなく、新約聖書はまだなかった。主イエスが、「わたしは毎日あなたがたと一緒に宮にいて教えていたのに、わたしをつかまえはしなかった。しかし聖書の言葉は成就されねばならない」（マルコ一四49）と言われた「聖書」は、旧約聖書のことである。

パウロやヤコブやペテロが書いて送った手紙類は、教会間で回覧されたり、信仰に関する重要な教えが書かれているので書き写されたりして、各教会でグラフェーとして貴重品を入れる箱に収納して保管され、会衆の前でよく朗読されていた。

紀元六〇年代前半になると、グラフェーである福音書および高い評価を受けていたパウロの書簡類は、少しずつ集められ、正典視が始まった。二世紀後半になって、「新約聖書」という名前が生まれるようになり、四世紀前半になると、グラフェーは教会間で統一され画一化されてきて、四世紀末の教会会議（紀元三九七年、カルタゴ総会議）で、現在の新約二十七巻の正典化が確立した（榊原康夫『新約聖書の生い立ちと成立』、いのちのことば社、二〇一一年、二二四頁参照）。

次に、「パウロの手紙には、わかりにくい箇所がある」（Ⅱペテロ三16参照）という点についてであるが、確かに信仰義認を扱っている『ローマ人への手紙』など、神学的に硬い文書には、「わかりにくい箇所」があるかもしれない。しかし、分かりにくいと感じるのは、正しい解釈方法や使われている語彙の意味を、読者がまだ学んで身に付けていないからであって、わざわざパウロは分かりにくくしているわけではない。聖書の読み方を学習した者にとっては、よく分かり、難しくもなく、パウロは深い真理を説いている。「無学で心の定まらない者」（同三16）だから、分かりにくいと感じるのである。

ここでの「無学」は、単に知らない無知のことを言っているのではなく、聖書の解釈方法などの正規の教育や訓練の学びを受けていない状態にあることを言っている。この「無学」で、信仰の確信が十分持てずに迷いの中にあって、惑わされやすい「心の定まらない者たち」（同三16）にとっては、パウロの記述内容は、「わかりにくく」難しいかもしれない。

「無学で心の定まらない人」は、どうしても自分の知識や経験から、聖書を解釈しようとする。だから余計に、何を言っているのか分からなくなり、言っていることに矛盾を感じたり、受け入れられなくなったりする。

聖書は、人間の知恵や知識によって書かれたものではなく、神の知恵やみこころを、聖霊による霊感を受けた人々（預言者や使徒たち）が、聖霊の導きを受けつつ書いたものであるから、聖書の読み方と用語の意味を捉えながら、聖霊の導きを受けて読まないと、正しく理解することができない。

「無学な心の定まらない人」は、聖書を正しく解釈できないだけならまだしも、自分勝手に自分の都合のよいように、人間の知恵や欲を入れて曲解をするので、間違った路に迷い込みやすい。故意に曲げて解釈したならば、自分を滅びに陥れるだけである。

例えば、パウロが、「あなたがたも、……律法に対して死んだのである」（ローマ七4）と言うと、彼らは、「クリスチャンは律法が死んで律法の規定から解放されたのだから、放縦をしてもいいのだ」と曲解する。彼らは、こじつけて「こういうわけで、今やキリスト・イエスにある者は罪に定められることがない」（同八1）とまでパウロは言っているではないかと、正当化を図る。また、パウロが「罪の増し加わったところには、恵みもますます満ちあふれた」（同五20）と言うと、彼らは「では、わたしたちは、……恵みが増し加わるために、罪にとどまるべき」（同六1）だというように歪曲する。

このような曲解をして、「無理な解釈をほどこす」（Ⅱペテロ三16）ので、「この世は、自分の知恵によって神を認めるに至らない」（Ⅰコリント一21）ことになる。それどころか、「自分の滅亡を招く」（Ⅱペテロ三16）ことになる。

そうならないようにするために、パウロの手紙類はもちろんのこと、聖書全体の各書について、この世の知恵によって理解しようとするのではなく、神の知恵によって霊感された神のことばを、御霊の照明の下に、御霊に導かれつつ、熟読玩味していきたい。

聖書に神の本意を読み取るには

聖書をどのように読み、どのように解釈したらよいのであろうか。それには、神の御心の根源に立ち帰ることである。

旧約の律法は、聖なるものであって、正しくかつ善なるもので（ローマ七12参照）、田畑や街中を流れる川の堤防が流水を導くように、人を正しく導くのに有益である。しかし、律法には限界があって、神の御心の本意、真意を完璧に言い表しているとは限らない。

その例として、離婚に関する律法で、「こんな場合には離婚してよいのか、いけないのか」とパリサイ人が主イエスに尋ねた時に、イエスは「モーセは律法で何と命じているか」と問い返され、離別を「許しました」（申命二四1〜4参照）とのパリサイ人の答えに対し（マルコ一〇2〜4参照）、主イエスはそれはあなたがたの心が頑なななので、そのように許されたのである。神の本来のご意志は、「天地創造の初めから、『神は人を男と女とに造られた。それゆえに、人はその父母を離れ、ふたりの者は一体となるべきである』。彼らはもはや、ふたりではなく一体である。だから、神が合わせられたものを、人は離してはならない」と言われ、許されていないと返答された（同一〇5〜9参照）。

別の箇所では、律法を解釈して、主イエスは次のように言われた。「（旧約の律法では）『目には目を、歯には歯を（もって償わせよ）』（出エジプト二一24）と言われていたことは、あなたがたの聞いているところである。しかし、わたしはあなたがたに言う。（義なる神の本心は、そのようにすることではない。むしろ）悪人に手向かうな。もし、だれかがあなたの右の頬を打つなら、（もうそれで気は済みましたか、もっと打たなくてもよいのですかと）ほかの頬をも向けてやりなさい」（マタイ五38〜39）。それくらい仕返しせず、復讐もせず、寛容になって相手を受け入れてあげる愛をもって対応すること、これが天の父の本意である、と戒められた。

続けて次のようにも言われた、「（旧約の律法では）『隣り人を愛し、敵を憎め』（レビ一九18参照）と言われていたことは、あなたがたの聞いているところである。しかし、わたしはあなたがたに言う。（誰もがしているようなことをあなたがたがすることは、神が喜ばれる本意ではない。天の父の本心は、相手がどんな者の誰であろうとも、区別することなく、徹底的に愛すること、そのような神的な愛を持つことである。だから、あなたがたは）敵を愛し、迫害する者のために祈れ」（マタイ五43〜44）と。

以上のように、神の御心は、律法にすべて言い尽くされているわけではない。神の御心である本心に根源的に立ち返って神意を汲み取り、御言葉の真の意味を読み取る時に、主イエスと同じように、聖書を正しく解釈することができるようになる。

聖書を正しく読み取り、解釈するための秘訣は、その御言葉の意味を判断するに当たり、次の二つのことのどちらかに基準を置くとよい。すなわち、

①神の道徳的属性である聖か義か愛のどれかと結び付けること。

②もう一つは、神の創造の初めから、神の最終目標である、人が神と共に神の国に住むようになるまでの、神の大計画である「救いの経綸」の御意志に合わせることである。①も②も、人が原罪を持って汚《けが》されていることを考慮に入れて解釈していくと、御言葉の真意を捉えやすくなる。

第三章
ヨハネの手紙から教えられること

「主は、わたしたちのためにいのちを捨てて下さった。それによって、わたしたちは愛ということを知った。それゆえに、わたしたちもまた、兄弟のためにいのちを捨てるべきである。」（ヨハネの第一の手紙三16）

「わたしたちが神を愛したのではなく、神がわたしたちを愛して下さって、わたしたちの罪のためにあがないの供え物として、御子をおつかわしになった。ここに愛がある。」（同四10）

ヨハネ文書の特殊点

本書のこの後に、数十ページにわたって、ヨハネの手紙について概観することになるが、最初に、その緒論的な事柄を述べてみたい。

主イエスによって、弟子の中から選び分かたれ、十二使徒の一人となったヨハネが書いて、新約聖書内に正典として収納された文書が、大別して三種類ある。第四福音書と書簡類と黙示録である。この三つの文書を並べてよく見ると、ある一つの特徴があることを発見する。その特徴とは、文書を記述した目的が、その書の最後のほうに明記されている、ということである。

すなわち、ヨハネの福音書の著述目的は、「これらのことを書いたのは、あなたがたがイエスは神の子キリストであると信じるためであり、また、そう信じて、イエスの名によって命を得るためである」（ヨハネ二〇31）と述べられている。ヨハネの手紙では、「これらのことをあなたがたに書きおくったのは、神の子の御名を信じるあなたがたに、永遠のいのちを持っていることを、悟らせるためである」（Iヨハネ五13）と記している。（ヨハネの）黙示録では「～のため」と明記されていないが、「これらのことをあかしするかたが仰せになる、『しかり、わたしはすぐに来る』。アァメン、主イエスよ、きたりませ」（黙示録二二20）であると解してよいであろう。

ヨハネの叙述文書には、もう一つの注目すべき特徴がある。読者の皆様は、パウロが次のように言ったことをご存知と思う。「このように、いつまでも存続するものは、信仰と希望と愛と、この三つである。このうちで最も大いなるものは、愛である」（Ⅰコリント一三13）。すなわち、信仰の中心的な事柄は、①信仰と②希望と③愛である。この重要な三つについて、ヨハネは、それぞれの著述文書の主要内容として据えている。すなわち、著述目的を示した右記の御言葉にも関連していることであるが、

①ヨハネの福音書は「信仰」について書いており、

②ヨハネの手紙には「愛」について書いており、

③黙示録には、新天新地到来によって神の国が始まる「望み」が書いてある。

こんな読み方をするのも、聖書通読をしていく上での楽しみの一つである。

信仰の重要な二面性

教理と実践を重視することは、キリスト教の秀でた特長の一つであり、どちらかだけとかどちらかに偏ることは、正統な信仰では良しと評価しない。ローマ書、コリント書をはじめとするパウロの書簡類の特徴は、前半がキリスト教教理について、後半が実践倫理が書かれているように、ヨハネの第一の手紙も、キリスト論的な教理と道徳的な生活をする勧めが書かれている。

ヨハネが強調することは、次のとおりである。建徳的な生活を続けていくための信仰の基盤は、「自分は、聖・義・愛なる神に保障された永遠のいのちを持っている」との確信である（Ⅰヨハネ五11、13参照）。その確信から、

①神とキリストと共にあることに裏付けられた喜びと（同一4、ヨハネ一五11参照）、

②神に従って生きるきよい生活と（Ⅰヨハネ三3、9、五3参照）、

③神から愛されていることから自然に出てくる隣人への愛の生活が出てくる（同四10～11、三16参照）。

教理と実践は、信仰と生活であるとも言え、この二面は、ヨハネの手紙では「真理」と

「愛」という言葉で説かれて推奨されている。信仰における教理は、生活の中に実践として裏付けられねばならず、実践の伴わない教理は、真理と認めることはできない。それは実質のない空論であると指弾されてもいたしかたない。

真理と言えるほどの確固とした教理に支えられ、きわめて高い倫理性を持った信仰生活の実践こそが、キリスト教の真髄であると言ってよい。

この重要な二面性を持ったキリスト教信仰の中に生活して、教理と実践によって養われ、高徳で高潔な品性を備えたクリスチャンになっていきたい。

まず愛を知ること

読者の皆様は、「ヨハネの第一の手紙」と聞いたとき、この書の中心的なキーワード（鍵語）は何であると思い浮かべるであろうか。それは「愛の書」であると答えられる方が多いのではないだろうか。そうだ。確かにヨハネは、愛とはどういうものであり、その愛はどこから来て、その結果として、私たちも愛し合うべきであり、愛の生活をすべきであると、多くの言葉を用いて強調している。

師であるイエス・キリストから、「ボアネルゲ、すなわち、雷の子という名をつけられた」（マルコ三17）ほどに、気性が荒く激しかったヨハネが、晩年になって、「愛し合いなさい」と口癖のように言い、「愛の人」と称されるまでになったのは、ヨハネがキリストの愛を体験して深く知ったからである。

もし、読者のどなたかが、堅固で正しいキリスト教信仰を持ちたいと願うならば、私は「まず、神とキリストが、いかに自分を深く愛して下さっているか、これを体験的に知ることである」と奨める。そして、キリスト教信仰で最終的に重要なことは何か、と問われるならば、「それは、神とキリストがいかにこの自分を愛して下さっているかを確信することである」と答える。

天の父が自分を愛して下さっていることを、生活上で実感することは、信仰の初めであり、そして終わりである。人生におけるキリスト教信仰の「アルパであり、オメガである」（黙示録二二13）ことは、神が自分をいかに深く強く愛して下さっているかを覚知することである。

この愛を覚知できてさえいれば、教理などの他のことは、どうしても知らねばならない不可欠の事柄ではない。また、この愛をしっかりと自分のものにしていれば、倫理的に求められている、神のみこころに沿って生きるということは、ごく自然に難なくできることであり、各自が自分の人生を振り返ると、確かにできているものである。

キリスト者の品性も品格も、神の愛を自分のものとして知っていることから養われてくる。神の愛を知ることを不可欠のこととして、これを基盤にクリスチャン人生を進めていきたい。

ヨハネによる健全信仰への導き

主イエスは、十二弟子の一人であるヨハネに、十字架上から実母マリヤの今後の面倒を見るようにと委ねられた（ヨハネ一九27参照）。それに従って使徒ヨハネは、マリヤを引き取ってエペソへ居住した。私がトルコの西部にあるエペソを訪れた時のことである。そのエペソで、イエスの母マリヤが暮らした住居跡の上に、復元された石造りの建物があり、マリヤの肖像画と共に、祭壇が備えられていた。私のツアーの群れの皆様が先を急ぐ中、私はその中に一人残って、ヨハネのことやマリヤのことを、深々と思い巡らした。

使徒ヨハネは、エペソを拠点として、西アジヤ近辺の諸都市に宣教し、そこに住むクリスチャンを牧会し、いくつかの書簡を認《したた》めて指導もした。その一つの手紙が、この「ヨハネの第一の手紙」である。第二、第三の手紙も、この宣教牧会活動の一環として書かれたものである。

ヨハネに限らず、主キリストからクリスチャンの群れを牧するように委ねられた者であるならば、誰もがその群れを教え導き、警告も与えて養うものである。使徒ヨハネも同じく、群れが今置かれている状況や信徒の霊性の状態に合わせて、彼らがこの世の誘惑に遭って躓《つまず》くことがないように、また出現してきている偽《にせ》教師の誤りに陥って毒されることのないように心を配り、さらには、信仰と愛のうちに堅く立って、きよい生活をするようにと励ますことに努力した。その教導が形になって残ったものが、これらのヨハネの書簡類である。

人の生き方として、どんな人も、次に示すどちらかの状態にあると言える。この状態は二者択一的なものであって、この中間というものはない。どちらにも足を置いているという者があるとするならば、どちらかの状態に重きを置いていると分類される。すなわち、その人は、

(a)真に生きて永遠の神のいのちを持っているか、神のいのちを持っていないか、

(b)神と人格的に個人的な関係を持って、神のご意志を知っているか、知っていないか、

(c)この世に期待し、この世への欲を持って生活する「この世に属した者」なのか、それとも、神の御心を尊び、神の御旨に従って生きる「神の世界に属した者」なのか、

(d)神の家族として取り扱われる「神の子」(Iヨハネ三1〜2)なのか、それとも、サタンの価値基準に従い、サタンが示すことに心が惹かれ、サタンの支配に捕らえられて、奴隷のようになって従属する「悪魔の子」(同三10、五19)なのか。

人はこれらのどちらかである。

このどちらか二者の状態が、ヨハネの手紙においては、次の対照的な言葉によって示されている。すなわち、①光と闇（Ⅰヨハネ一5〜7）、②いのちと死（同一1〜2）、③愛と憎しみ、④真理と偽り（同一6、8、10）などである。

ヨハネの手紙は二千年近く前に書かれた書簡であるが、その警告と勧めは、決して古くはなく、依然として現代の状況に適用できて、教会に起こる問題に適切に語りかけている。それは、この手紙類が、聖霊によってヨハネを通して人類に向けられて書かれた神の言葉であり、霊感を受けて記された文書であるからである。

私たちキリスト者が、どう考え、どのように判断し、どう生きるべきかは、神の御子であるイエス・キリストとの個人的な関係を堅く結ぶことによって導かれ、また、健全な確信に至ることができる。それをヨハネは、これらの手紙によって教えている。

私たちは、御言葉によって誤りから守られ、悪から遠ざかり、そして愛ときよさという点で励まされつつ、堅実な信仰に立って、すばらしい人生を歩んでいきたい。

労苦ゆえに深遠簡明な書

ヨハネの第一の手紙の特徴は何かと言えば、その一つとして、他の書々に比べて、簡潔で分かりやすい表現をしているものの、その言っている内容は、神の真理に触れた、深遠な事柄を述べている、ということが挙げられるであろう。

すなわち、実生活に関わる実際的な事柄の解決方法を、神の知恵に基づいて瞑想的に伝え、問題に対してどう勝利していくか、その方法を教えている。その答えの一つとして、次のように表示している。

「すべて神から生れた者は、世に勝つからである。そして、わたしたちの信仰こそ、世に勝たしめた勝利の力である。世に勝つ者はだれか。イエスを神の子と信じる者ではないか。」（Ⅰヨハネ五4〜5）

ヨハネはこの第一の手紙で、次の三つのことを強調した。

①受肉のキリストを信じること。すなわち、イエスは人となって来られた救世主キリストである、と堅く信じること（同四2参照）。

②神の戒めに従うこと。すなわち、キリスト教を信じる者は、父なる神の教えを尊び、

郵便はがき

恐縮ですが
切手を
おはりください

164-0001

東京都中野区中野 2-1-5

いのちのことば社

出版部行

ホームページアドレス　https://www.wlpm.or.jp/

<table>
<tr><td rowspan="2">お名前</td><td>フリガナ</td><td>性別</td><td>年齢</td><td>ご職業</td></tr>
<tr><td></td><td></td><td></td><td></td></tr>
<tr><td rowspan="2">ご住所</td><td>〒</td><td colspan="3">Tel.　　　　(　　　　)</td></tr>
<tr><td colspan="4"></td></tr>
<tr><td colspan="3">所属(教団)教会名</td><td colspan="2">牧師　伝道師　役員
神学生　CS教師　信徒　求道中
その他
該当の欄を○で囲んで下さい。</td></tr>
</table>

WEBで簡単「愛読者フォーム」はこちらから!
https://www.wlpm.or.jp/pub/rd
簡単な入力で書籍へのご感想を投稿いただけます。
新刊・イベント情報を受け取れる、メールマガジンのご登録もしていただけます!

ご記入いただきました情報は、貴重なご意見として、主に今後の出版計画の参考にさせていただきます。その他、「いのちのことば社個人情報保護方針(https://www.wlpm.or.jp/about/privacy_p/)」に基づく範囲内で、各案内の発送などに利用させていただくことがあります。

いのちのことば社＊愛読者カード

本書をお買い上げいただき、ありがとうございました。
今後の出版企画の参考にさせていただきますので、
お手数ですが、ご記入の上、ご投函をお願いいたします。

書名	

お買い上げの書店名

町
市　　　　　　　　　　　　　　書店

この本を何でお知りになりましたか。

1. 広告　いのちのことば、百万人の福音、クリスチャン新聞、成長、マナ、
　　信徒の友、キリスト新聞、その他（　　　　　　　　　　）
2. 書店で見て　3. 小社ホームページを見て　4. SNS（　　　　　　）
5. 図書目録、パンフレットを見て　6. 人にすすめられて
7. 書評を見て（　　　　　　　　　　）　8. プレゼントされた
9. その他（　　　　　　　　　　）

この本についてのご感想。今後の小社出版物についてのご希望。

◆小社ホームページ、各種広告媒体などでご意見を匿名にて掲載させていただく場合がございます。

◆愛読者カードをお送り下さったことは（　ある　初めて　）
ご協力を感謝いたします。

従い、その現れとしてきよい生活をすること（同二3〜4、三3、五2〜3参照）。

③兄弟愛に励むこと。すなわち、「互いに愛し合いなさい」との勧めを重要視し（同三11、23、四7、11参照）、愛し合うことを口先だけのこととせず、実際の行動として実行すること（同三18参照）。

ヨハネがこの第一の手紙で、クリスチャンに対してメッセージしていることは、二面ある。それは客観的な面と主観的な面である。客観面というのは、偽《にせ》教師の説く内容とは異なり、キリスト教は神の真理に基づき、真理に満ちている教えである（同二7、21参照）。主観面というのは、あなたがた自身は「神によって生れた者であること」（同三19、四6、五19参照）。そして、神から付与された「永遠のいのち」を持っていることである（同五11、13参照）。この二面の確信によって、神の真理を土台とした確かな知識に支えられて、大胆かつ率直に生きることができる。

イエス・キリストのそばで、弟子として教えと訓練を受け、主と生活を共にし（Ⅰヨハネ一1、3参照）、その後十二使徒の一人となって、イエス昇天後も、迫害などの多くの労苦を受けつつも、老年に至るまで、エペソを拠点として、牧会と宣教に専念してきたヨハネだからこそ、この手紙の叙述ができたと言ってよいであろう。

それだけに、内容が重要な事を扱っているがゆえに、聖書正典に加えられるようになり、今日に至るまで、キリスト者の間で、親しく読み継がれてきた書となっている。

喜びに満たされて生きる者へ

私の長年の体験上で言えることであるが、信仰を持つことの個人的な有益性は、神によって人が変えられて、穏やかな寛《ひろ》い心で誰をも愛せる者にさせていただけることである。それよりも何よりも、信仰を続けることから得られる極致は、永遠の命を持って光の中を歩き続けられることである。さらには、平安の中を進み行けて、常に喜びに満たされた生活ができることである。

ヨハネが第一の手紙を書いた目的の一つは、神の恵みを知って信じ、人生途上を喜びに満たされるためであると言っている。すなわち、「これを書きおくるのは、わたしたちの喜びが満ちあふれるためである」（Iヨハネ一4）と。主イエスは、この喜びにあなたがたが満たされるために、わたしはこの地上に来たのであると、次のように言われた。「わたしがこれらのことを話したのは、わたしの喜びがあなたがたのうちにも宿るため、また、あなたがたの喜びが満ちあふれるためである」（ヨハネ一五11）。

それでは、この喜びはどこから来るのであろうか。それは、人の性情がきよめられるところから来る。罪が赦されて新生し、原罪の汚れからきよめられた聖化された生活から来る。そのために御子イエス・キリストは、天の父から遣わされて、私たちのところへ来られた。「御子イエスの血が、すべての罪からわたしたちをきよめる」（Ⅰヨハネ一7）のであり、「神は真実で正しいかたであるから、…すべての不義からわたしたちをきよめて下さる」（同一9）。

天の父は、愛する私たちと共に住み、私たちが喜びに満たされることを願っておられる。その最終目標は、私たちが神の愛と守りの下《もと》にあって、神と親しい交わりを持ちながら（同一3参照）、神の国で生きることである。そのためには、神の聖さの領域に私たちが留まることができるように、私たちが罪からきよめられて罪のない者となり、さらには、私たちが、聖なる神と親密に交わるのに相応《ふさわ》しい品性を備えた者に育成されることが必要である。

このような神の御意志を人に伝えて、神の御思《みおも》いが実現されるようにするために、神はその御旨《みむね》である言葉に受肉させて、人類に送り届けられた。この神の御意志を表す言《ことば》が、人に見える形となって、人として遣わされて来られた方が、神の御子イエス・キリストである。それをヨハネは、次のように表現して私たちに伝えている。「私は、……キリストをこの目で見、そのことばをこの耳で聞き、その体にこの手でふれました。キリストは、神のいのちのことばです。このいのちである方は私たちに現れ、私たちは確かにこの方を見ました。私が伝えたいのは、永遠のいのちである、このキリストのことです。キリストは初め、父なる神と共におられましたが、やがて私たちの前に姿を現されました」（同一1〜2、リビングバイブル）。

キリスト教の本来的な目的は、神と人とが一つになることであり、愛によって神と交わり、人々が互いに愛によって交わることである（同一3、7参照）。この交わりによって、私たちは喜びに満たされた者となる。

「光」の意味

ヨハネは次のように言っている、「神は光であって、神には少しの暗いところもない」（Ⅰヨハネ一5）と。主イエス・キリストは、ご自身を指して、次のように言われた。「わたしは世の光である。わたしに従って来る者は、やみのうちを歩くことがなく、命の光をもつであろう」（ヨハネ八12）。聖書では「光」という言葉を多用している。それでは、この「光」とは何を意味し、「光」という言葉で何を言い表そうとしているのであろうか。光は、物理的な性質から見て、いろいろな効果や効能がある。まずは

①明るく照らす。
②照らして暗さを駆逐する。
③照らした対象が何であるかを明確にする。
④照らして位置や方向を示す（燈台）。
⑤注意を促し警告を発する（信号）。
⑥照らした対象にエネルギーを与えて暖かくしたり（屋上温水器、日向《ひなた》ぼっこ）、発電する（太陽光パネル）。

⑦殺菌効果がある（我が家では時々、台所のまな板を日干しにする）。
⑧ビタミンDを増やす（北欧を旅した時のことだが、川沿いや公園の草原で人々は裸になって日光浴を楽しんでいた）。
⑨夕焼けや虹、オーロラなど、美しい風景を作り出す。
⑩エネルギーを供給して反応を促進する（炭酸同化作用、触媒作用）。
⑪化学反応を促進する（物質の分解や合成→生命の誕生）。

このほかにも数え上げればまだまだたくさんある。このように光にはいろいろな働きがあり、新しい状況や状態を創り出す。

聖書が「光」と言った場合、読者に何かを語りかけて、何かの意味を伝えようとしているのであるから、当然上記の①〜⑪のような働きのいくつかの事柄を伝えようとしていることは、想像に難《かた》くない。天地万物の創造で神が開口一番に言われた言葉は、「光あれ」（創世一3）であった。この光には多くの働きがある。

ヨハネが「神は光である」（Iヨハネ一5）と言った場合に注目すべきことは、神の道徳的属性の聖・義・愛のうちの聖と義に関係していることである、と理解するのがよい。この聖はきよさであり、混り気や汚れのない隔絶した純粋な性質や状態である。そしてこの義は、悪が全くない生粋《きっすい》の正しさであり、行動として外面に出てくる。聖は無形であるが、義は形を持つ場合が多い。この聖と義および光の働きから、「神は光である」（同一5）の意味を読み解くことができる。

「神は光である」（同一5）と言った場合の「光」は、光の持つ自然的な効能と、この効能から出てくる象徴的効果を表している。

(a)光の自然的な効能は、右記①～⑪に示したように、

(イ)すべてのものを暗黒から解放し、

(ロ)存在するものにいのちを与え、

(ハ)健全で健康な体を保持する。

(b)光の象徴的な効果は、(i)知的な意味と(ii)道徳的な意味がある。

(i)知的な意味としては、光は隠れたことを明確にして真理を示す。無知や誤りである暗闇を打ち破る。この意味で、次のような御言葉がある。

「あなたのみ言葉はわが足のともしび、わが道の光です」（詩篇一一九105）。

「み言葉が開けると光を放って、無学な者に知恵を与えます」（同一一九130）。

「戒めはともしびである、教えは光である、教訓の懲らしめは命の道である」（箴

言六23）。

(ii)「光」と言った場合の道徳的な意味は、汚れを無くした「きよさ」と絶対的な「正しさ」を象徴している。すなわち聖と義である。このきよさと正しさに対照して言われる暗黒や暗闇は、悪や不義を象徴していることになる。これらの意味をもって表現されている「光」には、次のような御言葉がある。

「あなたがたは、以前はやみであったが、今は主にあって光となっている。光の子らしく歩きなさい」（エペソ五8）。

「光はあらゆる善意と正義と真実との実を結ばせるものである」（同五9）。

きよさ、正しさの光と、悪や汚れの暗黒とを対照させた御言葉としては、次のようなものがある。

「わざわいなるかな、彼らは悪を呼んで善といい、善を呼んで悪といい、暗きを光とし、光を暗しとし……」（イザヤ五20）。

光は、真理や状況の真実な姿を、知的に人々がよく見えるようにさせるだけでなく、道徳的に正しい道へ導き、そこを歩むようにさせる。この光によって、人は神の聖や義に向かって進むことができ、また聖や義を自分のものとして身に付けることができるようになる。だから、主イエスは次のように言われた。「わたしは光としてこの世にきた。それは、わたしを信じる者が、やみのうちにとどまらないようになるためである」（ヨハネ一二46）。

また、こうも言われた。「わたしは世の光である」（同八12）。「光のある間に、光の子となるために、光を信じなさい」（同一二36）。「そこでイエスは彼らに言われた、『もうしばらくの間、光はあなたがたと一緒にここにある。光がある間に歩いて、やみに追いつかれないようにしなさい。やみの中を歩く者は、自分がどこへ行くのかわかっていない』」（同一二35）。

右記(b)(i)に示すように、光は真理を明らかにする。そして真理は光となって愚昧を打ち破る。このような光としての真理は、知的に知るだけに終わらせずに、実際に行動として表すべきものである。真理は知るだけでなく、道徳的に行うべきものである。真理はそれが真理であるがゆえに常に固く立って、否定されることを拒否する。光としての真理は、その真理をもって世を照らし、真理に従う者を堅く立たせる。

この真理を否定する者には、神のさばきが下されると、次のように明言されている。

「神の怒りは、不義をもって真理をはばもうとする人間のあらゆる不信心と不義とに対して、天から啓示される」（ローマ一18）。

「こうして、真理を信じないで不義を喜んでいたすべての人を、さばくのである」（IIテサロニケ二12）。

光である神は、いのちの源であり、真理といわれるすべての知恵と知識の源である。神はご自身を光として人々に啓示されて、ご自身の存在と性質を明らかにされる。私たちキリスト者は、現在ある暗愚の世界に対して、神はきよく完全な光であると証詞して、示していかなければならない。

「歩み」と「交わり」の意味

ヨハネは「歩む」という言葉と「交わる」という言葉を用いて、信仰生活の重要な事柄を表現し、彼の手紙の受領者に教示し、彼らを敬虔な信仰へ導くように努めている。すなわち、「神と交わりをしていると言いながら、もし、やみの中を歩いているなら、……神が光の中にいますように、わたしたちも光の中を歩くならば、わたしたちは互に交わりをもち、そして、御子イエスの血が、すべての罪からわたしたちをきよめるのである」（Iヨハネ一6〜7）と。

キリスト教において「交わる」と言った場合、それは簡単に言えば、「活動においてコミュニケーションを豊かにして、互いの結び付きを強化する」ということである。もう少し詳しく説明すると、「人格を持った者同士が、互いの会話や行為の交流によって、意思疎通を盛んにし、関係を強固にする」ことである。右記の御言葉（同一7）においても、ヨハネは、神と人との間で、あるいは人と人との間で、交わりを正しく持つようになるならば、クリスチャンは真理の中を歩むようになり、また、キリストの血が私たちを罪からきよめるようになる、と言っている。

「交わる」とは、会話や行為という手段によって、お互いの思いをやり取りし、自分や相手が抱いている考えや意志を理解し合うことである。この「交わり」の良好な状態というのは、互いの間に交流が活発になされていて、お互いの相違を認識して受け入れ合い、相手への理解が深まって、それぞれの考え方や目指す方向に関して共有部分が多くなることである。

「交わり」の方法としては、人間同士なら、食事や旅行、あるいは奉仕やスポーツなどの活動で行動を共にするとか、会談や討論などで会話を盛んに行うなどの方法がある。神と人間の間では、祈る、讃美する、聖書を読んだり説教を聞いたり、あるいは自分ひとりで瞑想や観想をして神の御心《みこころ》を知るなどの礼拝行為がある。神と人との交わりができるように、教会では聖日礼拝や祈禱会、教団や教会間での聖会、個人では日々のディボーションなどがある。

次に、キリスト教信仰での「歩む」ということに視点を向けてみよう。「歩む」と言った場合には、①そのことを習慣的に行って生活を続ける、という実践的な面と、②神と信仰者との間での、霊的な進展状態を言い表す場合の、二つの意味がある。

初めに、①信仰生活の実際面で「歩む」と言った場合には、日々の生活の中で、行動と信心において、停滞することも後退することもなく、神の標準に向かって絶えず成長を続けながら前進することを言い表している。御言葉では、次のように言っている。

「わたしは全能の神である。あなたはわたしの前に歩み、全き者であれ」(創世一七1)。

「ヤコブの家よ、さあ、われわれは主の光に歩もう」(イザヤ二5)。

「主のあなたに求められることは、ただ公義をおこない、いつくしみを愛し、へりくだってあなたの神と共に歩むことではないか」(ミカ六8)。

「こうして教会は、……主をおそれ聖霊にはげまされて歩み、次第に信徒の数を増して行った」(使徒九31)。

次に、②「歩む」ことは、継続した霊的な状態の表現であり、人の誕生から死までの間の霊性状態を、精神的に神の標準に合致させながら、さらには神の聖・義・愛の標準に近づくように成長させながら、信仰生活を続けることを言い表している。御言葉においては、次のような勧めがある。

「これは律法の要求が、肉によらず霊によって歩くわたしたちにおいて、満たされるためである」(ローマ八4)。

「あなたがたは今後、異邦人がむなしい心で歩いているように歩いてはならない」(エペソ四17）。

「父の戒めどおりに歩くことが、すなわち、愛であり、あなたがたが初めから聞いてきたとおりに愛のうちを歩くことが、すなわち、戒めなのである」（Ⅱヨハネ6）。

「『彼（イエス・キリスト）におる』と言う者は、彼が歩かれたように、その人自身も歩くべきである」（Ⅰヨハネ二6）。

世とは異なる助け主

「もし、罪を犯す者があれば、父のみもとには、わたしたちのために助け主、すなわち、義なるイエス・キリストがおられる」（Ⅰヨハネ二1）、とヨハネは教示している。ここでの「わたしたち」は、私たちキリスト者である。そのクリスチャンが罪を犯した場合には、とヨハネは説いている。新生を受けたりきよめられたクリスチャンでも、絶対に罪を犯さないということはない。故意にではなく、また継続的にでもなく、不注意によって過失的に罪を犯す場合もある。さらには、そうすることが善であって、そうせねばならないと分かっていたとしても、事情によりあるいは人間的な限界によって、それができないという罪もある。

そのような罪を犯してしまう自分に落胆する必要は全くなく、また「だから、お前はクリスチャンになんかなれないのだよ」とのサタンの欺《あざむ》きに騙されてもならない。そんな人のために「わたしたちのために助け主……がおられる」（同二1）と励まされている。

この「助け主、すなわち、義なるイエス・キリスト」（同二1）とある「助け主」は、聖霊に対しても用いられている言葉である。主イエスは、次のように言われた、「わたしは父にお願いしよう。そうすれば、父は別に助け主を送って、いつまでもあなたがたと共におらせて下さるであろう」（ヨハネ一四16）、「助け主、すなわち、父がわたしの名によってつかわされる聖霊は、あなたがたにすべてのことを教え、またわたしが話しておいたことを、ことごとく思い起させるであろう」（同一四26）と。

助け主は、援助者、仲介者、神と人との間に入って執り成し、神の前に人を助ける者のことである。この助け主としての働きを、主イエスと聖霊がして下さる。それでは、イエス・キリストと聖霊の助け主としての役割の、どこがどのように違うのであろうか。それは、聖霊がこの地上にあって私たちを執り成して下さるのに対し、イエス・キリストは、天上で神の前に執り成して下さっているとの違いがある。地上か天上かの違いである。

聖霊が次のように助け主として執り成して下さると、パウロは言っている。「御霊もまた同じように、弱いわたしたちを助けて下さる。なぜなら、わたしたちはどう祈ったらよいかわからないが、御霊みずから、言葉にあらわせない切なるうめきをもって、わたしたちのためにとりなして下さるからである」（ローマ八26）。これは、聖霊が助け主として、地上にいる私たちのために働いて下さっていることを言い表している。

これに対し、「父のみもとには、わたしたちのために……キリストがおられる」（Ⅰヨハネ二1）とあるように、天に上げられて神の右におられる主イエスは、天において神の前に私たちのために助け主として執り成して下さっている。

人が活動する社会にあって、ある人が罪を犯して裁判にかけられた場合には、犯罪人を援助する弁護人は、検事が訴える内容に対し、裁判官へ向かって弁護のための論述をする。この場合に、人の裁判の弁護士が述べる内容と、私たちの助け主なるイエス・キリストが弁護して下さる内容とは、大いに異なる。

人の裁判の弁護士は、事件の実態や法律・判例などから、無実であると弁護したり、罪を犯していたとしても、その時の状況や背景がこうなのだからと陳述して、情状酌量するように裁判官に訴える。しかし、主イエスは、そのような執り成しはなさらない。人が罪を犯したことと、その内容や影響度合いなどからの罪の重さを正確に認め、情状酌量などは求めなさらない。どうするかというと、その罪のために自分が身代わりとなって贖いの刑罰を受けると申し入れて、執り成される。だからこの人の罪を赦し、罪がなかったものとして認め、取り扱ってやってほしいと、ご自分の命を供え物として差し出し、天の父に嘆願される。そうであるから、ヨハネも、「彼（キリスト）は、わたしたちの罪のための、あがないの供え物である」（Iヨハネ二2）と言っている。

私たちは、キリストのこの贖罪と執り成しによって、罪なき者とされ、神の家族として受け入れられる者となった。このことに深く感謝しながら、キリストに従う信仰を続けていきたい。

古くて新しい真理

ヨハネは彼の第一の手紙で、自分が語ることは古いが、しかし新しいと言っている。「わたしがあなたがたに書きおくるのは、新しい戒めではなく、あなたがたが初めから受けていた古い戒めである。その古い戒めとは、あなたがたがすでに聞いた御言《みことば》である。しかも、新しい戒めを、あなたがたに書きおくるのである」（Iヨハネ二7〜8）というようにである。そして、古いが新しい戒めとして、ヨハネは次のように勧めている。「わたしたちは互に愛し合うべきである。これが、あなたがたの初めから聞いていたおとずれである」（同三11）。「子たちよ。わたしたちは言葉や口先だけで愛するのではなく、行いと真実とをもって愛し合おうではないか」（同三18）。

ヨハネは、「その古い戒めとは、あなたがたがすでに聞いた御言である」（同二7）と述べている。それはどの御言葉であろうか。一つは旧約聖書の申命記にある「あなたは心をつくし、精神をつくし、力をつくして、あなたの神、主を愛さなければならない」（申命六5）である。もう一つも旧約聖書のレビ記にある「あなた自身のようにあなたの隣人を愛さなければならない」（レビ一九18）である。

この二つの戒めは、多数ある律法の中で最も重要な戒めであると、主イエスも次のように言われた。「『心をつくし、精神をつくし、思いをつくして、主なるあなたの神を愛せよ』。これがいちばん大切な第一のいましめである。第二もこれと同様である、『自分を愛するようにあなたの隣り人を愛せよ』」（マタイ二二37〜39）。また別のところでも、次のように教示された。「わたしのいましめは、これである。わたしがあなたがたを愛したように、あなたがたも互に愛し合いなさい」（ヨハネ一五12）。

ヨハネが「おとずれ」（Iヨハネ三11）と言っているように、主イエスが教示された、右記のよきおとずれ、すなわち福音としての主イエスによる勧告をも、ヨハネの念頭にはあったであろう。だから、新改訳2017では、この「おとずれ」を「使信」と訳している。

さて、なぜ御言葉は、古いが新しいのであろうか。それは、その御言葉の言述していることが真理だからである。一つの主張や思想は、それが真理であるかそれとも偽物であるかが、長年月のあらゆる場合に当てはめられて吟味される。その過程の中で、ある言述は偽物として滅びてこの世から消え去っていき、またある陳述は真理として残っていく。滅びることもなく消え去ることもなく、いつまでも残る言葉は真理である。真実について言及した概念や思想は、いつまでも古くなることはなく真理として永遠に残り、後々《のちのち》までも続いていく。御言葉が真理であるからこそ、主イエスは次のように言われた、「よく言っておく。天地が滅び行くまでは、律法の一点、一画もすたることはなく、ことごとく全うされるのである」（マタイ五18）と。

真理は永遠に変わらない真実であるから、発生は古くても、常に新鮮で、古くならず新しい。この意味で聖書の御言葉も、また主イエスが語られる福音も、真理であるからこそ常に新しい。

ヨハネは、「しかも、新しい戒めを、あなたがたに書きおくる」（Ⅰヨハネ二8）と言っている。これはヨハネが勧告している戒めが、真理だから新しいと言っているだけのことではない。ヨハネが勧めている「愛し合いなさい」との戒めは、上述の旧《ふる》い戒めに比べて、質的にも適用範囲においても、新しい戒めとなっている。

質的に新しくなった戒めについて確認してみると、ヨハネは、キリストが私たちを愛されたのと同じように愛し合いなさいと言っている。旧約の戒めでは、「自分を愛するように隣り人を愛せよ」（レビ一九18参照）と言っているが、イエス・キリストは、自分を愛するようにどころか、自分を捨て去って、死をも厭《いと》わずに愛しなさいと、「人がその友のために自分の命を捨てること、これよりも大きな愛はない」（ヨハネ一五13）と言われ、実際に主イエスはこの言葉どおりのことを、ご自分の生涯と十字架上で実行された。このように、「愛し合いなさい」の真理の質は、主イエス・キリストによって最高度に高められた。質的に高められたこととしては、さらに敵をも愛しなさい、迫害してくる者をも愛しなさいと、「しかし、わたしはあなたがたに言う。敵を愛し、迫害する者のために祈れ」（マタイ五44）と戒められて、これをご自分で実行し、範を示された。

愛することを適用する範囲の広がりを見ると、旧約における隣人として愛し合う対象は、「隣り人を愛し、敵を憎め」（同五43）とあるように、家族や隣近所、これを広げたとしても同族や親交のある関係者、どんなに広くひろげてもイスラエル民族の範囲であった。しかし、主イエス・キリストが「互いに愛し合いなさい」と言われる対象は、よきサマリヤ人の譬《たとえ》に見られるように、人種や民族を越え、また社会的な立場や地位の差異などを越えて、愛し合いなさいと言われた。それだけでなく、「全世界へ出て行って、福音を宣べ伝え、すべての人を弟子としなさい」（同二八19〜20参照）と命じられたように、全世界および歴史を越えた全人類へ及んでいる。

質的に高められ、範囲において広げられた、私たちにとってこの古くて新しい戒めに従っていきたい。

世に捕らわれない

同じ著者のヨハネが、福音書のほうでは、「神は……この世を愛して下さった」（ヨハネ三16）と言い、書簡のほうでは、「世と世にあるものとを、愛してはいけない」（Ⅰヨハネ二15）と言っている。世を愛するという面で見ると、この二つの御言葉は、相反《あいはん》しているかのように見える。これをどう理解したらよいのであろうか。

「神が世を愛して下さった」のほうの「世」は、世そのもののことではなく、世に生きている人間のことを指している。神は世に生きる人間をあわれに思い、この世から救い出してあげようとされた、ということである。書簡のほうの「愛してはいけない世」は、まさしく世そのもののことであり、このような世に捕らわれたり執着して、その中で生活するようなことをしてはならない、そのような世から一刻も早く抜け出すべきである、とヨハネは言っている。

それでは、このヨハネが言っている「世」とは何であろうか。聖書で「世」と言った場合には、どのような世の中のことについて言及しているのだろうか。

「世」とは、①サタンの支配の面（Ⅰヨハネ五19参照）からと、②人間の心奥にこびりついている原罪の面から言い表すことができる。

①「世」とは、サタンの支配による悪への唆《そそのか》しと誘い込む力によって動かされている社会、あるいは、そのような社会にあって、サタンに影響されながら生きる人間生活のことである。

②もう一つの表現の「世」とは、神から離れて生活する人間が、心の内部に巣食う、自己愛を中心とした利己的な欲求を発生させる原罪に支配されながら、活動している体制のことである。

サタンは、「神を愛するな、信じるな。このわたしサタンを愛し、信じなさい」と唆し、原罪は、「神はないものとして無視せよ。また神に従えば不利になるだけだから、自己中心に自分の欲望のままに生きよ」と奨める。一方、神は、「自分を捨て、神を中心にして、神を第一に愛し、従ってきなさい」と命じられる。このように、神を愛するという点においては、世と神の世界は互いに排斥し合い、妥協する余地はなく、一致することが全くない。世は救い主としての御子キリストを拒絶するのに対し、神はひとり子を贖いの供え物として人類に提供される（Ⅰコリント一2、四9参照）。

人が人間として真に人間らしく生きることができ、それゆえに人間が人間としての最高の価値を保ちつつ、幸いに生きることができるのは、これを妨害し阻止しようとするサタンや原罪から人が解放されて、神の領域に入って生きることである。サタンや原罪に捕われていたのでは、いつまでたっても人間は人間の尊厳を取り戻せず、聖・義・愛の高貴な平安の中に生きることができない。だからヨハネは、「世と世にあるものとを、愛してはいけない」（Ｉヨハネ二15）と教示している。

私たちは、ヨハネの勧めに導かれながら、人間らしい真の生活の中に、自分の生を進めていきたい。

神の種を多く持つ

「神の子」とか「悪魔の子」と表現された「〜の子」の「の」は、そこから生まれ、そこで成長し、そこに所属していることを表している。それでは、その人が神の子なのか悪魔の子なのか（Iヨハネ三10参照）は、何によって見分けられるだろうか。それは、その人の内に神の種が留まっているかいないか、神の種があるかないか、で見分けることができる（同三9参照）。

神の種とは何であろうか。種蒔きの譬《たとえ》（マタイ一三3〜9参照）とか、からし種の譬（同一三31〜32参照）が示すように、聖書で種と言った場合には、神の御言葉を指している。だが、神の種でない種もある。それは、「パリサイ人のパン種とヘロデのパン種とを、よくよく警戒せよ」（マルコ八15）とか、「悪意と邪悪とのパン種を用いずに……」（Iコリント五8）とあるように、パンを焼いてふくらませるイースト菌を指している種もある。イースト菌そのものは悪いものでも不純なものでもないのだが、譬で語られるときの「パン種」は、悪徳を生む元凶として引用されることが多い。

種の特色の一つは、善であれ悪であれ、どちらの種であっても、内に生長させる命を宿していることである。種の持つこの生命力によって、その種を宿している人は、善なり悪なりを行い、それを増長させるようになる。善となる神の種を持たないために「義を行わない者は、神から出た者ではない」（Ⅰヨハネ三10）ということになる。

さて、兄カインは弟アベルを、なぜ殺してしまったのか（創世四8参照）。神の種ではなく、サタン（悪魔）の種を内に持っていたからである。だから兄弟を愛することができなかった（Ⅰヨハネ三10参照）。兄弟を愛さないどころか、憎しみを増長させて、殺人まで犯してしまった。悪の種をふんだんに持つサタンの言葉に操られ、嫉妬と憎悪を持つようになった結果、その最後に辿《たど》り着いた先は殺人であった（同三12参照）。

サタンの種を持つ者が、なぜ殺人にまで及んでしまうのか。その経過がカインを見ると分かる。正しいことを行っていない人（カイン、創世四7参照）は、正しいことを行っている人（アベル）を見ると、自分の正しくないことが鮮明に見えてきて、自分で自分を責めるようになる。正しい人を見れば見るほど、自分の悪が明確に映し出されるようになってきて、自分が責められて苦しくなる。その苦悩から逃れたいために、正しい人に憎しみを持つようになる。その正しい人が自分の見える範囲からいなくなれば、自分の気は楽になる。自責の念から解放される。そこでこの正しい人をいない者にしようとする。一般的には、そのために、周囲や関係者にあることないことを悪く言い振らして中傷したり、その人の活動に嫌がらせをする。場合によっては権力を使って正しい人を左遷したりする。これが昂じて迫害に至り、行く行くはその人を殺す業に至る。これは歴史上で多くの殉教者が受けてきた事実であって、悪の振る舞いを物語っている。

サタンの種を心に宿す者は、自分の自責の苦しみを除去する方法として、神の種によって成長する正しい者を、自分を苦難に追いやる敵と見なし、憎悪をたぎらせるようになり、最後は殺人まで犯してしまう。カインはアベルに対してこれをしてしまった。「なぜ殺したのでしょうか。自分の行いが悪く、兄弟の行いが正しかったからです」（Ⅰヨハネ三12、新改訳２０１７）とヨハネが言っているとおりである。

私たちは、決してサタンの種を取って保持しておくことなく、これを徹底的に取り除いて、むしろ、神の種を大量に蓄える者になっていきたい。

全面的異質である憎しみと愛

主イエスは山上の垂訓で、「兄弟に対して怒る者は、だれでも裁判を受けねばならない。兄弟にむかって……ばか者と言う者は、地獄の火に投げ込まれるであろう」（マタイ五22）と言われた。神の義と愛の基準による見方は、これほどまでに正しく、これほどまでに厳しい。同じく、ヨハネは、「すべて兄弟を憎む者は人殺しである」（Iヨハネ三15）とまで言う。ここで言及している「兄弟」は、肉親同族だけでなく、関係している人々や、ひいては人類全体をも含む。

人の評価基準から見れば、憎むことと殺人は決して同列に置かれるようなものではなく、大きな差異がある。心の動きと実際に手を下すことの違いがある。ところが、純粋で高貴な聖の基準で評価する神の目から見れば、憎むことも人殺しも五十歩百歩、いや、大して差異のない同じことになる。正しさを見せつけられる自責の苦しさから逃れたいと憎んで、相手を眼前からいなくなるようにさせようとすることと、自分の範囲内からは消えた者にしようと手を加えて、亡き者にしようとすることとは、動機において同じであり、欲することにおいて違いはない。

このように憎しみと死が根底において共存するように、その対極にある愛と命も共存する。愛は何とか愛する対象を生かし、繁栄するように導く。ところが、憎しみは、何とか相手を存在しない者にしてしまい、この世から滅却させようとする。このように、憎しみが先行していて「愛さない者は、死のうちにとどまっている」（同三14）ことになる。すなわち、自分自身を死の状態に押し留めることになる。だが、「兄弟を愛している者は、死からいのちへ移ってきていることを、知っている」（同三14参照）。愛する者は神からいのちを与えられて、喜びのうちに生きているからである。

愛と憎しみは両立するものではない。全く違った状態に自分を置いていることになる。その原因は、心の内に神の種を宿しているか、悪魔の種を宿しているか、すなわち神の御言葉と聖霊に養われているか、それとも内に住まわせたサタンの囁《ささや》きと誘いに従っているか、の違いである。

邪悪に自らを渡している悪魔の子ではなく、キリストに自分を全面的に献げて生きる神の子として生きていきたい。

神の愛を知った豊かさ

私は、少年の頃から、両親が苦労しながら育ててくれる親子愛、経済的に困窮している私を心配して面倒を見てくれる担任教師による師弟愛、無い教科書を一年間貸してくれたり、おさがりの学生服を提供してくれる近所の人の友愛、受験のための勉強場所を夜遅くまで許してくれたり、学生時代の居住場所を無料提供してくれる社会同胞愛、優しい心で見守り私を支え励ましてくれる彼女との恋愛など、いろいろな多くの愛を、それまでに経験してきていた。しかし、二十二歳にイエス・キリストに出会うまでは、神の愛があるということは知らなかった。

神の愛を知ることは、その他のどんな多くの愛を知り、体験するよりも、人を豊かにしてくれて、その人の生き方を決定する。

人間の愛と神の愛とを同じレベルに置くことはできない。私たちは、生活の中で経験して、愛とはどういうものかを知っている。しかし、そこで知っている愛は、人間同士の間で交わされる愛である。それは神の愛とは違う。神が私たちを愛して下さる神の愛、および人が神を愛する神への愛は、人間同士の間で持たれる愛とは全く異なり、もっと高次で異質のものである。

新生を受けていない一般の人々でも、深く親しく愛することはする。だがその愛は、よく見てみると多くの場合、それは自分によくしてくれる人への愛であったり、自分を愛してくれる人への愛であって（ルカ六32〜33参照）、そのような交わりを持たない相手に対しては、無償の愛を注ぐことがなかなかできない。

神の愛は、自分を愛してくれない人をも愛する、という程度のものではない。自分を悪く取り扱ったり、不利な状況に追い込む人にさえ、反抗や復讐をしないで、逆に水や塩を送ってあげ、悪に対して善をもって報いるようにする（ローマ一二19〜21参照）。さらにはそれ以上に、敵である人を愛してあげ、自分を迫害する者に対してさえ祝福を祈ってあげる（マタイ五44参照）、そのような愛である。だがこれでも神の愛がどういうものであるかを言い当ててはいない。このような愛は、修養を積んで高度に成長した人なら達成しうる。

神の愛は、自分が代わって受苦する犠牲的なものであり、自分の命さえ、身代わりとなって差し出し、自分と命とを、その人のために捨てるほどの愛である。そのような愛を実際にイエス・キリストは実行し、その愛を私たち個人に適用して下さった。

本当の愛にして真実な愛とはどんなものであるかは、御子イエス・キリストが私たちにして下さった贖罪の業によって知り、体験することができる。これを端的に言えば、「主は、わたしたちのためにいのちを捨てて下さった。それによって、わたしたちは愛ということを知った」(Iヨハネ三16)ということに到達することになる。

ここでヨハネが「愛ということを知った」と言っている「知る」は、

①真実な本当の愛がどういうものであるかを知的に知った、というだけではなく、

②主が自分をどれほど深く、大きく愛して下さっているかを体験的に知り、

③人格的な親密な関係に入った、ということである。

この「知る」は、神と自分との一対一の間柄において、神の愛を実感し、経験し、その神の愛を自分の血肉のように内に収めて、自分のものにした、ということを言い表している。

知的にまた体験的に知ったこの神の愛は、自分の生活のどんなところに現れてくるであろうか。神に愛されている自分であることを知った愛は、その反応として、神を愛するようになることは当然のこととして、人に対しては、

①この愛をまだ知らない人に、このようなすばらしい愛があるということを知らせてあげたい、との思いが出てくるし、

②自分の周りに困ったり悲しんでいる人があれば、親切にしてあげたい、慰めてあげたい、満たしてあげたい、となってそれが行動として現れてくる。すなわち、「言葉や口先だけで愛するのではなく、行いと真実とをもって愛し合う」（同三18）ようになる。

この愛は、自分を強《し》いてでもなく、義務感からでもなく、ごく自然に自分の心の内から湧き上がってくる思いと行為である。自分が神から愛されていることを知って心が燃やされていることから出てくる、喜びの行動である。その結果、「兄弟のためにいのちを捨てる」（同三16）ことが苦もなくできる状態になる。

神の真の愛を知った者は、このように、心も生活も自由で豊かになり、また自分の命の使い道と、生きて向かうべき目標が固く定まり、人生を実り豊かな確かなものにする人物になっていく。

祈りが聞かれる六条件

祈りは聞かれたい。神が聞き入れて下さって、自分の身の上に成就していただきたい。ヨハネは、「願い求めるものは、なんでもいただけるのである。(どうして聞き入れていただけるのかというと)それは、わたしたちが神の戒めを守り、みこころにかなうことを、行っているからである」(Ⅰヨハネ三22)と言っている。この御言葉を基に、どうしたら祈りは聞かれるのか、どんな祈りなら聞き入れられ、成就されるのか。そのための祈りの条件について、誰も知っているであろうが、ここでもう一度整理して確認しておこう。

祈りが聞き入れられるための条件は、おもに以下に述べる六つあり、この六条件が整っているときに、祈りは聞かれる。

第一……自分勝手に直接神に申し入れて祈るのではなく、必ずキリストの名によって、キリストに仲介者になっていただいて、キリストに自分の祈りの執り成しを依頼し、委ねて祈ること。主イエスは次のように言われた。「あなたがたが父に求めるものはなんでも、わたしの名によって下さる」(ヨハネ一六23)。

第二……祈る内容と、聞かれた場合の結果が、神の栄光を現すことになる祈りであること（Ⅰコリント一〇31参照）。この反対のこととして、ヤコブは次のように戒めている、「求めても与えられないのは、快楽のために使おうとして、悪い求め方をするからだ」（ヤコブ四3）と。

第三……祈り願う当人に罪がないこと。罪に汚れているようなところが全くなく、完全に罪赦されて清められており、神の前に罪がないと認められていること。これは、御言葉に次のように教示されている。

「主は悪しき者に遠ざかり、正しい者の祈を聞かれる」（箴言一五29）。

「あなたがたの罪が主の顔をおおったために、お聞きにならない」（イザヤ五九2）。

「義人の祈は、大いに力があり、効果のあるものである」（ヤコブ五16）。

第四……自分が神から罪を赦されているだけでなく、自分に対する他の人の罪を赦していること。自分に向かって悪をなしたからといっていつまでも相手を責め立てることをせず、その罪を赦して、その人そのものを受け入れていること。主イエスは、祈る時にはこのように告白しなさいと、「主の祈り」で次のように教えられた。「私たちの負い目をお赦しください。私たちも自分に負い目のある人を赦しましたように」（マタイ六12、協会共同訳）。

第五……主イエスが、「祈のとき、信じて求めるものは、みな与えられる」（マタイ二一22）と約束されたように、「ただ、疑わないで、信仰をもって願い求め」（ヤコブ一6）る。その上に、「なんでも祈り求めることは、すでにかなえられたと信じ」（マルコ一一24）る信仰をもって、もうそのことは成就したと先取りするように、確信のうちに祈る（ヘブル一一1参照）。

第六……神の戒めを忠実に守って、神が喜んで下さるような日々の歩みをしていること。神の子どもに相応《ふさわ》しいきよい生活をしていること。このことはヨハネも、祈りが聞かれるために「わたしたちが神の戒めを守り」（Iヨハネ三22）、と言っている。また、ヨハネが「みこころにかなうことを、行っているから」（同三22）と付け加えていると同じく、パウロもコロサイの信徒たちへ、次のように執り成して祈っている。「（あなたがたが）みこころにかなった生活をして真に主を喜ばせ、あらゆる良いわざを行って実を結び、神を知る知識をいよいよ増し加える（ように）」（コロサイ一10）と。

どこまでも全てのことを信じて祈り、受け入れられる条件を満たしつつ、できるだけ多くの事柄を、主から自分に成就していただける生活を続けていきたい。

宥《なだ》めの必要性

ヨハネは彼の第一の手紙四章で、「私たちの罪のために、宥《なだ》めの献げ物として御子をお遣わしになりました」（Ⅰヨハネ四10、協会共同訳）と記している。聖書ではいろいろな書で、「宥めの献げ物」とか「宥めの香り」というように、「宥め」という言葉をよく用いている。例えば、旧約の民数記では、「あなたがたは、私への献げ物（を）、……宥めの香りとして、……私に献げなさい」（民数二八2、協会共同訳）とあり、新約のローマ人への手紙では、「神はこの方を、信仰によって受けるべき、血による宥めのささげ物として公に示されました」（ローマ三25、新改訳2017）というようにである。

この宥めの献げ物とか宥めの香りという「宥め」とは何なのだろうか。何を宥め、どうして宥めが必要なのであろうか。

「なだめ」とか「なだめる」という言葉は、現代でも、興奮して泣き止まない赤子をあやしなだめて寝かしつけるとか、上司がカンカンになって怒っているので、側近がすかして、「まあ、まあ」と言ってなだめる、などのように使う。「宥める」とは、憤りや激情の中にある人の感情を抑えて、平静になるように機嫌をとりつつ、穏やかにさせることである。

それでは、聖書でいう「宥め」は何を宥めるのであろうか。それは神の怒りである。神の激怒を宥めるのである。それでは、何故《なぜ》宥める必要があるのであろうか。神は何を怒っておられるのだろうか。それは、罪によって神の聖を人が汚したことである。愛をもって親しい交わりを持つようにしようとして、神が創造された人間が、この神の意に反して、「こうしてはいけない」という神の意向を受け入れず、愛し合う交わりを拒絶して、聖なる神の顔に泥を塗る罪を、人間が神に対して犯したからである。神に反逆し、聖に汚泥を塗るような人間のこの行為に対し、神は大変に怒っておられる。

神は、ご自身の聖を汚されたままにして、罪をそのまま放置しておくわけにはいかない。罪を犯した人間に、ご自身の義に基づいたさばきを与えて、全滅させようと考えておられる。そうは言っても、愛なる神にとって人間をすぐ全滅させるのは忍びない。傷付けられた聖を元に戻し、かつ人を全滅させないようにするためにはどうしたらよいのだろうか。神の怒りを宥め、神の激怒を収め、神の聖を元通りにし、絶対的正しさの神の義も保持できるようにするためには、どうしたらよいのであろうか。人は卑小過ぎて価値がなく、そのことはできない。聖に対して罪もある。

そこで愛なる神はどうされたか。神ご自身でご自身を自ら宥めることにされた。罪をそのまま放置することなく、代わってご自分を罰して、ご自身で償うことにされた。その働きを担ったのが、三位一体の神である御子イエス・キリストである。神と同位格の神の子キリストを人類に遣わし、御子が人に代わって罪を負い、罪を贖うために宥めの献げ物として、十字架上で受苦するようにされた。御子も忍従してこの任務を忠実に引き受けられた。

この神の意図と行為とを信じる人には、神の怒りとさばきから解放し、罪がなかった者と認め、滅ぼさないで、神の幸いの中に入れることとされた。ここに神の人類に対する愛がある。

ヨハネはこのことを次のように記述して、信じる人々に手紙として送った。「私たちが神を愛したのではなく、神が私たちを愛し、私たちの罪のために、宥めの献げ物として御子をお遣わしになりました。ここに愛があります」（Ⅰヨハネ四10、協会共同訳）。

愛することで喜びを得る

愛の書、すなわち愛の勧めが多く書かれているヨハネの手紙を読み進めるに当たり、愛に関わることを少々考察してみたい。

愛とは何であろうか。多くの人がその人なりの愛についてのイメージを持って、この問いへの答えを用意するであろう。私の答えはこうである、「愛とは、自分に不利益であっても、相手にとって益なることを選び採り、これを実行して与えること」。もう少し詳しく言い直すと、「愛とは、相手のためにそれをすることがたとえ自分に損害が及び苦痛を負おうとも、相手にとって有益なことを選択し、それを実行して、返りみを期待することなく供与すること」である。この愛の定義は、人に適用できるが、神の愛はもう少し高度になっていて、この説明の頭の部分に、「相手がそれを受けるに値しなくても」ということと、「全く無償で」与えることが加わる。神の愛と人の愛には、こんなところにも大きな違いがある。

さて、厚い聖書の初めに創世記があって、その一～三章に、神による天地創造と人間創造が書かれている。そして最初の人アダムとエバが罪を犯したことが記されている。神が人を創造された動機は、神と人との間で交わりを持った後に、神からの絶大な幸いを与えようとの愛であった。天父によるこの愛に対する人の拒絶が神への罪になった。この愛と罪に焦点を当てて、記述内容に目を向けてみたい。

神が最初の人に、「しかし、善悪を知る木からは取って食べてはならない」（創世二17）と言い含められたが、これに人が応じれば、人は神に対する愛があることになる。なぜなら、愛は、自分がたとえ食べたくても、愛の相手となる神が、食べてほしくないと望んでおられるので、自分の食欲を抑えてでも、食べずにその命令に従うことを選択することだからである。ところが初めの人は、神のご要求に反し、食べて自分には神への愛はない、ということを行動によって表明した。木の実を食べることによって、「あなたの意には沿わないよ」との意志を行いで示し、愛していないことを態度で明示して、神へ反逆行為をした。聖なる神の意向に反することをすること、ここに罪がある。

ヨハネはこのことを明確に記している、「神の命令を守ること、それが、神を愛することです」（Ⅰヨハネ五3、新改訳２０１７）と。主イエスも同じように言われた。「あなたが私を愛しているならば、私の戒めを守るはずである」（ヨハネ一四15、協会協同訳）と。

次に、創世記から離れ、現在の私たちの身近な生活に戻って考えてみよう。

母親が我が子に対してするときのように、また彼氏彼女が愛する恋人に対してするときのように、相手が喜び益になることを、自分が少々苦しくても、それをしてあげることは決して苦痛ではなく、喜びであり、重荷にはならない。これと同じように、主イエスが「互に愛し合いなさい」（同一五12）との戒めをもって命じ、またヨハネが「互に愛し合おうではないか」（Ⅰヨハネ四7、Ⅱヨハネ5）と勧告しても、神から愛され、神を愛している者にとっては、その求めに応じて愛を行うことは喜びであって、決して重荷にはならない。だからヨハネは言う、「（愛しなさいとの）神の命令は重荷とはなりません」（Ⅰヨハネ五3、新改訳2017）と。

右記において、「愛は、自分を顧みずに、相手の益となることを選び採ってすることである」との考察をし、このような愛は重荷に感じることがなく、むしろ喜びであることを確認した。このことから一つ確言できることがある。すなわち、仕事であれ奉仕であれ、何かを人々のためにしようとするとき、その実行が重荷ではなく喜びとなるようにする秘訣は、人々を愛するがためにそのことをすることである。

キリストであることの三者による証し

イエス・キリストがどんな存在であるのか。主イエスがどんな方であって、何の目的を持ってこの世に来られたのか、その「証しするのは三者で、霊と水と血です。この三者の証しは一致しています」（Iヨハネ五7〜8、協会共同訳）と、ヨハネはその書簡に記述している。そしてその証しをするのは、人ではなく神ご自身であると、同じく続けて記している、「御子についてあかしされたことが神のあかしだからです」（同五9、新改訳第三版）と。このように「神が御子についてあかしせられた」（同五10）とあり、その証しは三つのことを通してなされたと言及されている。そこで、その主イエスについて証しする「水と血と霊」について考察してみよう。

「水と血」（同五6、8）についてであるが、十字架の目撃者のヨハネが、「ひとりの兵卒がやりでその（イエスの）わきを突きさすと、すぐ血と水とが流れ出た。それを見た者（ヨハネ自身）があかしをした。そして、そのあかしは真実である」（ヨハネ一九34〜35）と書き残したが、この血と水のことではないであろう。ヨハネは自分が目の前で見たあの場面の印象が強裂であったために、そのイメージを使いつつ「水と血」の表現を用いたのであろうが、この「水と血」は別のことを言っている。なぜなら、槍で脇腹を突いて流れ出た血と水は、イエス・キリストの人として来られた受肉の証拠とはなっても、イエスがキリスト（救世主）であるとの神の証しにはならないからである。「水と血」は、「御子について立てられたあかし」（Ｉヨハネ五９）が、イエスはキリストであることの神の証しでなければならない。

それでは、ヨハネの言っている水と血は、何を指しているのであろうか。

「水」とは、主イエスの受けた洗礼（バプテスマ）のことである。イエスが公生涯に入る直前に、バプテスマのヨハネからヨルダン川で洗礼を受けた（マタイ三13、15参照）。イエスが「水から上がられた。……天が開け、神の御霊がはとのように自分の上に下ってくるのを、ごらんになった」（同三16）。この時、天の父は主イエス・キリストのことを証ししてこう言われた、「これはわたしの愛する子、わたしの心にかなう者である」（同三17）。その意味は、「このイエスは、わたしが人類に遣わしたキリスト（救世主）であって、全くわたしの意に一致する愛子である。わたしの心にある意向と計画を実施するのに十全に適う者である」。これが水をもって神が御子について証しされた内容である。

次に、「血」とは、イエスが十字架にかかって流す血のことである。救世主キリストは、磔《はりつけ》にされて血を流し、命を捨てて人の罪を贖い、その血によって人の罪をきよめられた。「御子イエスの血が、すべての罪からわたしたちをきよめるのである」（Ｉヨハネ一7）とヨハネは言っている。主イエスが十字架にかかる重要な最終局面を迎えた時に、山頂でキリストは変貌し、そこでモーセとエリヤと、これから起こることを語り合った。その時、「たちまち、輝く雲が彼らをおおい、そして雲の中から声がした、『これはわたしの愛する子、わたしの心にかなう者である。これに聞け』」（マタイ一七5）と。天の父が、血による贖いをする御子イエスについて、次のように証しされたのであった。「このイエスは、わたしの愛するひとり子であって、キリスト（人類の救世主）として血による贖罪の働きをする、わたしの心に適う者である」と言われたのである。

続いて、「霊」によるキリストについての証しを確認する。

この「霊」とは、主イエスが「わたしについてあかしをする」（ヨハネ一五26）と言われた聖霊のことである。主イエスは次のように言われた、「わたしが父のみもとからあなたがたにつかわそうとしている助け主、すなわち、父のみもとから来る真理の御霊が下る時、それはわたしについてあかしをするであろう」（同一五26）と。

それでは御霊は、主イエスの何を証しするのであろうか。ヨハネは彼の書簡で、「このイエス・キリストは、……水と血によってこられた……そのあかしをするものは、御霊である」（Ⅰヨハネ五6）と言い、「あかしをする……この三つのものは一致する」（同五7〜8）と言っている。三つのものは一致して同じことを証しするのであるから、当然、水と血がシンボルとして証しすること、すなわち、主イエスがキリストとして来られ、神から愛されている御子であり、御子がしようとしていることはすべて神の御心に適っている、ということである。主イエスは、神から遣わされてきた救世主である、これを聖霊は証しする。

聖霊によるこの証しは、ヨハネがこの書簡を発送する前に起こっていた。主イエスは最後の晩餐の席で、「父のみもとから来る真理の御霊が下る時、それは（わたしが何であるか）わたしについてあかしするであろう」（ヨハネ一五26）と言われ、「聖霊があなたがたにくだる時、あなたがたは力を受けて、……わたし（がキリストであること）の証人となる」（使徒一8）と言われた。そのとおりに、ペンテコステの日に、「一同は聖霊に満たされ、御霊が語らせるままに、……語り出した」（同二4）。一同が何を語りだしたかというと、宣教の中心的な事柄「主イエスが救世主（キリスト）である」（同二36参照）ということである。

神が水と血と聖霊を通して、「御子イエスは、わたしが遣わした人類の救世主である」と証しされた宣告を、福音として堅く信じ、感謝のうちに信仰生活を続けていきたい。

クリスチャンになった者への四つの恵み

神から生まれた者には、他の人とは違った、どんな特徴があるだろうか。その最も大きな特徴は、主イエスがキリスト（救世主）であると信じていることである。神から生まれたクリスチャンは、この共通した大きな特徴を持つ。「すべてイエスのキリストであることを信じる者は、神から生まれた者である」（Ⅰヨハネ五1）と宣言され、保証されていることは心強い。

そうなのだ、「神から生まれた者」（同五1、4）は、誰もが、人となって来られたイエスをキリスト（救世主）であると信じて止《や》まない。三位一体の神であり霊である御子が、人の形に受肉して、人の罪を贖うために遣わされて来られた、ということを固く信じている。

さらに、「神から生まれた者」には、四つの特権的変化が、恵みとして加えられる。それは、

①愛する者になり、
②世に勝つ者になり、
③永遠の命が与えられ、

④祈りが聞かれることである、とヨハネは彼の手紙で述べている。これらの一つひとつを、その第一の手紙の五章から順次読み取ってみよう。

キリストから救いを受け、聖霊の導きによってきよい道を歩むようになった「神から生れた者」は、必然的に二つの事柄に結着する。それは、①愛する者になる（同五１）ことと、②世に勝つ者になる（同五４）ことである。どうしてであろうか。①神が愛であり、②神が全能だからである。

①神から生まれて、神の愛を日々受ける者は、その愛に応答して、ごく自然に自分も神と隣人を愛する者になる。

②そして、全知全能の神から生まれ、神の力を与えられて日々生きる者は、世からどんな患難や誘惑がやって来ても、神の知恵と自分の内に備えられた聖霊による忍耐力によってそれらを克服し、負けることを知らない者になる。

補足的になるが、ここで言っている「世」とは、次のようなものである。すなわち、
㋑人間社会で悪賢《わるがしこ》く活動し、神に反抗して神の御心には従おうとしない、諸々の勢力。
㋺現世のあちこちを歩き回って、人々を悪や不幸へ引きずり込もうとする悪魔的な諸

力。

㈧「肉の欲、目の欲、持ち物の誇」（同二16）を刺激し煽《あお》り立て、人を卑しい人間に陥れようとする肉的欲望、

などである。

次に、神から生まれた者は、特権的変化として、二つの確信を持つようになる。一つは、③永遠の命が与えられる。もう一つは、④祈りが聞かれる。この二つの確信である。ヨハネはこれらを信仰真理として、

③「神が永遠のいのちをわたしたちに賜わ（った）」（同五11）、

④「わたしたちが何事でも神の御旨に従って願い求めるなら、神はそれを聞きいれて下さる」（同五14）、

と言及している。

祈りはどんな祈りでも聞かれるのかというと、そうではない。ヨハネは「神の御旨に従って」と限定し、条件を付けている。「神のみこころにかなう願い」（同、新改訳第三版）であることが必須条件である。これにもう一つ、「神の命令を守り、神に喜ばれることを行っている」（同三22、新改訳２０１７）ことが付加される。

キリスト者として迎え入れられた者は、この二つのこと（③永遠の命と④祈りについて）を確実に信じられるようになる。それは、神が真実な方であるから、それらを確実になして下さり、自分でも信仰生活を通してこれを実感し、体験しているからである。

イエスがキリストであると信じる者は、以上の四つのこと①～④を自分のものとし、確信をもって喜びのうちに日々の歩みを続けることになる。これは神からの大いなる恵みであるとして称えざるをえない。

私たちが在るは神の内か外か

読者の皆様は、天の父、神に対してどのようなイメージをお持ちでしょうか。旧約と新約では違ったイメージがあって、旧約の神は厳しく怖い神、新約の神は優しく受け入れて下さる愛の神、というようなところが大方のイメージではないでしょうか。

旧約では、「わたしを憎むものには、父の罪を子に報いて、三、四代に及ぼし」（出エジプト二〇5）とあったり、偶像崇拝から抜けきれないイスラエルの民を罰して、バビロン捕囚にして国を滅ぼすなどの怒りの裁きを与える、厳格な神のイメージが強い。一方新約では、人を愛して、贖罪のために御子を遣わす（ヨハネ三16参照）とか、財産を使い果たして帰還した放蕩息子を何の咎めもせずに赦して受け入れる（ルカ一五22参照）譬《たとえ》など、寛容で愛に富む、恵み深い神のイメージが強い。

これらとは別に私は、旧約と新約の神のイメージの違いを、ヨハネの言葉である「私たちは、真実な方（神）の内に、その御子イエス・キリストの内にいるのです」（Iヨハネ五20、協会共同訳）から閃《ひらめ》いて読み取った。すなわち、旧約の神は、私たちよりも上の高い外側にいて、私たちを見ておられる神であり、新約の神は、神の外の領域にいた私たちを三位一体の神の内側に引き入れて、父、御子、御霊の間に置いて、私たちを取り扱われる。

神と人との関係性から見ると、旧約の神は厳粛で聖く、超越した高みに存在して、神の義によって人を裁き、律法に反すれば怒りを燃やして罰せられる。一方新約の神は、天の父と御子と聖霊の三位一体の愛の関係の内側に人を招き入れて、共に一緒に交わりをもち、神と人とが喜び分かち合う、といった神人関係である。この関係のうちに私たちがあることを、ヨハネは「真実な方の内に、その御子イエス・キリストの内にいる」（同五20、協会共同訳）と表現している。

聖なる神について、私たちは旧約聖書において、神の義からくる怒りと裁きを学び、新約聖書からは、神の愛からくる赦しと慈愛を学ぶことになる。義も愛もこのどちらも、私たちクリスチャンの信仰生活にとって欠くことのできない基本的事柄であって、神の聖と共に深く知って、身に付けるべき重要な神的要素である。これらを修得するために、神の内に入れられて取り扱われることを感謝しつつ、旧新両聖書を尊重しながら、日々の学びを続けていきたい。

真理とは

ヨハネの第二の手紙の特徴の一つに、「真理」という言葉が最初の四節までに六回出てくることがある（協会共同訳）。聖書で真理と言った場合には、いろいろな内容を意味する。ここではおもにイエス・キリストのことを言っていると受け取ってよい。主イエスは、「わたしは道であり、真理であり、命である」（ヨハネ一四6）と言われたし、ヨハネは、「真理は永遠に私たちと共にあります」（Ⅱヨハネ2、協会共同訳）、「真理を知る人は皆、あなたがたを愛しています」（同1、同）、「それは、私たちの内にとどまる真理によることで（す）」（同2、同）と言っている。

真理のその他の意味では、「私は、あなたがたを真理の内に愛しています」（同1、同）、「恵みと憐みと平和が、真理と愛の内に、私たちと共にありますように」（同3、同）、「真理の内に歩んでいる人がいる」（同4、同）とある。これらは、主イエスが「わたしは真理についてあかしをするために生れ、また、そのためにこの世にきた」（ヨハネ一八37）と言われた「真理」である。

聖書で言う「真理」と科学や哲学などで一般に言われる「真理」とは、意味する内容が異なる。そこでこの違いを知っておいて聖書を読むと、理解が進みやすくなる。そこで、一般の真理と聖書での真理の違いを、以下に確認してみよう。

一般での真理とは、自然科学的には、「存在と思惟の一致としての普遍妥当な知識」のことであり、人文科学的には、「存在と行為の一致としての道徳的な真実」のことである。これに対し、聖書で言う真理とは、「三位一体の神に関連した、その本質、意図、戒め、計画、行為」のことである。

もう少し具体的に、その真理の内容について見ると、一般での真理は、「科学的、数理的または歴史的に存在している事実と、その関係についての知識、判断、認識、思想、または倫理的真実さ」であり、公理、原理、定理、法則などで表される。聖書で言う真理の内容は、神に関しては、「三位一体の神である父、御子、御霊、そして御言葉、福音、正しい教義、自然啓示」であり、人に関しては、「神の御前における人間の誠実さ、真実さ」がある。

したがって、一般の真理は、非人格的で抽象的かつ実在的であるという特徴を持っているのに対し、聖書での真理は、人格的で具体的かつ倫理的であるという特徴がある。

一般の真理と聖書での真理の一番大きな違いは、その真理が展開する領域が、一般は人間領域であるのに対し、聖書では人間域を含む神的領域であり、その展開する方向が、一般は人間を始点として、思惟と実行による下から上へ、真理へと向かうのに対し、聖書では、神が始点であって、神からの啓示によって上から下へ向かう人間への開示である。

一般の真理は、それが真理であることに歴史的時間軸というものがない普遍性を持つが、聖書での真理は、時間空間軸があって、「かつて、そこで」の事実が、「今、ここで」に適用されるいう意味での普遍性を持つ。

一般の真理は、その真理自体が独立していて、他に働きかけるという要素を持たない概念である。それゆえに名詞的といえる。聖書での真理は、啓示や恵みによって人間等への働きかけがあり、それへの応答や責任が問われる。この意味で動詞的であると言える。

一般の真理は、人の思考や実行によって発見し獲得することができるが、聖書の真理は人間の考察や行動によっては得ることができず、神の開示によってのみ、人は受納することができる。

視点を人間側に戻すとして、どんな時、どんな場合に、人は真理を求めるようになるのであろうか。人が真理を渇望して求めるようになる根底には、人間の自己生命保存本能があり、自分がこの宇宙にたったひとり孤立して存在していることを意識した時に、真理の探究を始める。自分の肉体の外部と精神に対しては一般的真理を、肉体最内奥の霊魂に対しては、神的真理を探究し始める。その探究は、一般真理は自分が持つ思惟によって行い、頭脳へと納める。一方、聖書的真理は、人の内に備わった霊魂によって求め、神から啓示されることにより、聖霊の照明の助けを受けて、自分の内奥の霊（の器）に納める。それぞれの真理を人が受け入れる手段・方法は、一般真理は、理性と感性による理解と納得によるが、聖書真理は、霊性により、神の愛と全能を感得し、信じることによる。

（以上述べたことは、拙著『図解、聖書理解の基本』二三七〜二六一頁に詳述してあるので、興味ある方はご覧下さい。）

歩みの三要素

「クリスチャン生活の歩みの三要素」というのをご存知だろうか。それをヨハネは、彼の第二の手紙で示している。すなわち、

①「真理のうちを歩む」こと（Ⅱヨハネ4）、

②「父の戒めどおりに歩む」こと（同6a）、

③「愛のうちを歩む」こと（同6b）

である。

「歩み」とは、クリスチャン生活の中で、聖いキリスト者としての姿勢を保ちつつ、御国目指して、キリストと共にあって行動し続ける、人生のすべての活動のことである。

この歩みの三要素について、もう少し詳しく、以下に見てみよう。

(1)右で説明した「歩む」という中には、①「真理のうちを歩む」ことが含まれている。すなわち、真理を信じ、その信じたことを行動によって表すことである。

ヨハネが言う「父から受けた戒めどおりに、真理のうちを歩（む）」（同4）ことは、天の父からの戒めであり、前節エッセーで示した真理のうちを歩むことは、主

の命令である。ヨハネが勧告しているこの「真理のうちを歩む」ことには、二つのことが含まれている。一つは㋑グノーシス主義の偽教師が教えているような「キリストは肉体を持たない霊なのだ」との主張に騙されないで、イエスは御子として受肉してこの世に来られ、贖罪された、という中心的な真理を堅く信じること。もう一つは、㋺私たちの生き方を、神の聖い性質という真理に一致させて、日々歩むことである。

⑵二番目に、②「父の戒めどおりに歩く」（同6a）ことが勧められている。戒めは、神の道を外れないように導いてくれる灯火である（詩篇一一九105参照）。この戒めの中で最重要な事柄は、愛することであり、心を尽くし、精神を尽くし、思いを尽くして神を愛し、自分を愛するようにして隣人を愛することである。律法のすべては、この愛神と愛隣人に凝縮されている、と主イエスは教えられた（マタイ二二37～40参照）。神の戒めの根幹を成している十戒も、前半が愛神であり、後半が愛隣人となっている（出エジプト二〇2～17参照）。

ヨハネは「神からの戒め」を強調して、4～6節の間に「戒め」を五回も用いて、戒めどおりに歩む重要性を訴えている。

(3)第三番目の、③「愛のうちを歩く」（Ⅱヨハネ6ｂ）には、二つのことが命じられている。一つは、㋑神の愛のうちを歩むことであり、もう一つは、㋺愛を実践する日々の生活を送ることである。

㋑神の前に真摯な信仰生活を長年月にわたって続けていくための大切な要点は、神の愛のうちを歩むことである。すなわち、どんな時にも自分は神に愛されており、神が共にいて知恵と力を与えて下さり、神が一緒に歩んで励まして下さっているということを堅く認識し、自分は神の愛の中にいるんだということを、決して忘れないことである。

愛は、自己を顧みずに自分を与えるが、このような愛は、人が自然に身に付くというようなものではなく、ましてや教育や修練によって修得されるようなものでもない。真実な愛は、自分が神の犠牲的な神愛をもって愛されていることを体験し、確信し続けることによって、自分の血となり肉となり、行動として出てくるものである。

㋺愛を実践する生活についてであるが、人がどんなに大きな仕事や事業をし、あるいは立派な作品を残しても、その活動の根底に愛がなければ、一切は空しい

（Ⅰコリント一三章参照）。根底に愛のない活動は、神からは高く評価されないし、報いも与えられない。人生におけるどんな活動も、その行動の動機に愛があり、愛するためにそのことをするのでなければ、人々に益を与えることはできないし、人々から喜んでもらえることもない。なぜなら、それは自己満足のためにしているからである。

だからヨハネは、あなたの日々は、愛を実践するための生活でありなさいと戒め、「愛のうちを歩」（Ⅱヨハネ6b）みなさいと勧めている。

歩みの三要素を総括するに当たり、再確認するが、歩みは誰もがするものであり、毎日のことであるので、つい歩みについての関心が薄れがちである。だが、この日々の歩みの積み重ねが人生そのものであり、毎日の歩みの質の良否が、その人の生涯の尊卑を決定する。自分の歩みに注意を向け、より良い人生の成功へと歩みを進めていきたい。

善人と悪人の出現

神の真理のうちを歩む者には、三拍子揃った祝福が授与されることは、感謝に堪えない。すなわち、

①魂が常に恵みに満たされる、
②身体の健康が保たれる、
③行う事業が繁栄に導かれ、家庭も幸いのうちに営まれる。

これらが、長老ヨハネが同労指導者ガイオに宛てて書いた手紙で祈っているところの、「あなたのたましいがいつも恵まれ……あなたがすべてのことに恵まれ、またすこやかであるように」（Ⅲヨハネ2）の内容である。この三拍子が揃っているのに幸いでない、なんてことはありえない。

神の真理のうちを歩む者には、これらの三つの祝福①②③が我が身に臨んでくることは、キリスト者の誰もが経験し、私も体験済みの真実な証しである。デメテリオもこのような人であったのであろう（同12参照）。

このデメテリオのような善なる人とは反対の、悪を行う人がいることも確かである（同

11参照)。ヨハネは、真理に従わない偽教師への警告を、彼の第二の手紙で記したが(Ⅱヨハネ7参照)、この第三の手紙では、真理に従わない信徒について言及し、ガイオに注意を促している(Ⅲヨハネ11参照)。

真理に従わない信徒(あるいは教師)として、ヨハネはデオテレペスを挙げている(同9参照)。この不忠実な輩《やから》は、どんな悪業を行っていたのか、それが9～10節に具体的に書かれている。

すなわち、

(イ)愛の行いができないだけにとどまらず、

(ロ)悪意をもって人を批判し、そしり、罵倒する(同10参照)、

(ハ)責任を付加されて使徒となって上に立てられている重要な人物に対してさえ悪評をし、権威を認めず、従わず、教えや勧めを受け入れようとしない(同9参照)。

(ニ)兄弟姉妹への愛の行いを自分がしないだけでなく、愛の行為をしようとする人々の行いを妨げ、善行を妨害しようとする(同10参照)。

(ホ)それだけにとどまらず、(私も経験させられたことであるが、)愛の行いをし善行するような信徒を迫害したり、教会から追い出したりさえする(同10参照)。

デオテレペスがするこのような悪業の原因は、どこにあるのだろうか。それは、
(a)自分のほうが偉いんだという高慢と、
(b)自分が人々の上に立ちたい、かしらになって権力を振るいたい、と欲する支配欲や権力欲（同9参照）、
(c)それに、自分は人々から受け入れてもらえないのに、愛の行為をしたり上に立つ人は、人々から受け入れられて尊ばれている、ということへの嫉妬による。
デオテレペスは、次の御言葉の神の真理を知らないのである。「だれでも一ばん先になろうと思うならば、一ばんあとになり、みんなに仕える者とならねばならない」（マルコ九35）。

真理のうちを歩んで神に受け入れられる善なる人と、高慢や嫉妬に駆られて悪業をなし、神から見捨てられて悪を行い続ける人との違いが、こんな差としても現れてくるのであろう。

第四章
ユダの手紙から教えられること

「愛する者たちよ。あなたがたは、最も神聖な信仰の上に自らを築き上げ、聖霊によって祈り、神の愛の中に自らを保ち、永遠のいのちを目あてとして、わたしたちの主イエス・キリストのあわれみを待ち望みなさい。」（ユダの手紙20～21節）

肉親までが信じるキリスト

ユダと言うと、主イエスを裏切って、十字架につけて殺害しようとする祭司長たちへ、銀貨三十枚で売り渡したイスカリオテのユダをすぐ思い出す。しかし、この『ユダの手紙』の著者は、そのユダとは全く異なり、むしろ真逆の関係となる、キリストを肉親の兄とする主イエスの兄弟のユダである（マルコ六3参照）。彼は同じ兄弟のヤコブの名を挙げて、自分を「ヤコブの兄弟であるユダ」（ユダ1）と自己紹介している。

このヤコブは、信仰を持ってエルサレム教会の指導者になっていた（使徒一五13、ガラテヤ二19参照）。

ユダが信仰を持つようになったことで驚くことは、同じ母から生まれ、寝食を共にして育ってきた実の兄イエスを、救い主キリストと信じ、神の御子であると認識していたことである。このようになったまでの経過と原因は、正確には分からないが、肉親の兄弟を神であると認めていることは驚きである。復活の主に会ったなど、何か特別なことがユダに起こらなければ、実の兄を神の子と信じ、救い主として受け入れ、キリストであると認識し、それを人々に証しして勧める（ユダ4参照）ことはできないであろう。

このように信じるようになった可能性のある説明の一つは、イエス・キリストが本当の神であったということである。いや、それ以外では説明がつかない。一緒に生活し、自分の身近で振る舞い、行動を見て体験し、互いに会話を交わし、自分の肌で触れ、同じ父母を持ち、同じ屋根の下で寝食を共にした実の兄を、神であると信じられるようになるのには、相手が本物の神でなかったらそうはならない。

ユダがイエスを救世主キリストであると心から信じ、崇めていることは、彼のこの手紙の随所に見られる。すなわち、

①彼はイエスを言い表すのに、その接頭語に「主」を付けて、「主イエス・キリスト」と表現しており（同4、17、21、25参照）、しかも、自分は「キリストの僕《しもべ》」（同1）であると告白している。付した「主」の称号は、キリストの権威と神性へのユダの信仰告白である。「僕」とは、ギリシヤ語でドゥーロスであるが、これは文字どおりの、買い取られて自由を奪われた奴隷のことを言っているのではなく、主人に対する自分の心からの畏敬に基づいた敬虔な服従を意味している。パウロやペテロがそうであったように、クリスチャンが自分自身をイエスへの献身的な僕であると称し、そのように認められることは、現代においても貴重な誇りである。

ユダがイエスをキリストであると信じ、崇めている信仰は、右記①以外にも、次のように表れている。
②手紙の宛先人を、「イエス・キリストに守られている召された人々」（同1）と唱え、
③異端者を、「わたしたちの主であるイエス・キリストを否定している」（同4）と名指しし、
④イエスから指導を受け、宣教者となった弟子たちを、「わたしたちの主イエス・キリストの使徒たちが予告した」（同17）と教示している。
⑤さらに、「永遠のいのちを目あてとして、わたしたちの主イエス・キリストのあわれみを待ち望みなさい」（同21）と、待望することを勧告し、
⑥最後に、手紙の受け取り人である信徒のために祈って、神の栄光と祝福が「わたしたちの主イエス・キリストによって……あるように、アァメン」（同25）と祝禱している。
ユダに限らず私たちも、人類の歴史の中に、御子を受肉させて救い主として送り届けられた、神の知恵の偉大さに感嘆し、またそれほどまでに私たち人類を愛して下さり、手を尽くしていて下さる、天の父の愛に深く感謝を捧げざるをえない。

神のあわれみに浸る

ユダは手紙の宛先である人々への最初の挨拶で、「(父なる神からの)あわれみと平安と愛とが、あなたがたに豊かに加わるように」(ユダ2)と祈っている。

クリスチャンは、この「あわれみ」という言葉をよく口にし、しばしば耳にもするが、この「あわれみ」とはどういうことで、どういう内容を含んでいるのか、十分に認識せずに使っていることが多いのではなかろうか。「あわれみ」とは、漢字では「憐み」と書き、「今自分が見たり聞いたりしている人の、現在置かれている状況や環境、あるいは取り扱われ方をかわいそうに思い、その同情心から、大切にして親切に取り扱うこと」である。

信仰者に限らず、人は日々の生活において、常に神のあわれみを必要としている。なぜなら、外界からは、自然災害による危険やサタンによる悪徳への誘惑があり、心の内部には、怠惰や苛立《いらだ》ち、神への不信などがある。そして、自分の身体は食べて温まらなければ生命を保持できないし、体内への細菌の侵入や細胞破壊によって病気に襲われ、生命を脅かされているからである。

これらの外的要因への防御や防衛に対しては、自力では長続きさせられず、何らかの養護や守りがなければ継続させることができない。その外部からの援助や守護は、社会に求めてみても、自分が支払ったり所有している対価以上のものは与えてもらえない。また期待したところで、体《てい》よく拒絶されるのがおちである。

それに比べて、神による私たちへの「あわれみ」は、人が与えるところのあわれみとは異なり、異質で貴いものである。別の言い方をすれば、「恵み」とも表現しえるものであって、それは私たちがそのことを受けるに値しないのに、豊富にふんだんに与えられる慈しみと取り扱いである。そのことを受けるにふさわしくない私たちであるのに、そんなことには目もくれず、評価しようともせず、神の一方的な温かい御心によって付与されるあわれみである。

人は、神の愛から出たこのあわれみに接し、受け取った時に、心は神の豊かさと優しさに浸り、平安を迎えることができるようになる。自分に値しない不相応なほどのあわれみを神から付与された時に、人は、神を称え讃美し、感謝を捧げざるをえなくなる。そしてそのあわれみに感動した人は、生き方や有り方が、神の聖さと義《ただ》しさに向かって変えられていく。

日々の生活の中で、罪多い私たちが滅ぼされもせず、充実した生を続けていかれるのは、神の慈しみ深いあわれみによる。それだけでなく、キリストの再臨後に私たちが復活させられて、永遠のいのちが与えられることも、神のあわれみによる。

このような豊かな神のあわれみは、その人の内に留まるだけでなく、その人の心からふつふつと溢れ出るようになり、周囲の人々へ伝播し、関係する人々も喜びに包まれるようになる。

私たちの誰もが天の父に受け入れられて、深い大きなあわれみに与《あずか》り、神の恵みの中を泳ぐがごとくにして、平安のうちに信仰生活を続けていきたい。

サタンとの戦いに勝つ

ユダは、この「ユダの手紙」を何の目的で書いたのであろうか。何のために手紙形式の文書にして、愛する信徒の人々へ書き送ったのか。その目的を、ユダは次のように明確に記している、「聖徒たちによって、ひとたび伝えられた信仰のために戦うことを勧める」（ユダ3）ためであると。

この目的で「手紙をおくる必要を感じる」（同3）背景には、「不信仰な人々がしのび込んできて」（同4）、キリストの神性を否定し、放縦な生活に誘い込む扇動をしているからである（同4参照）。

一世紀後半から二世紀にかけて、キリスト教会の信徒に混乱をもたらした二つの主義主張がある。それが初期のグノーシス主義と道徳廃棄論である。ユダはこの手紙によって、この二つの偽りの教えに警戒して、遠ざかるように警告している。

ユダが勧めている戦いは、このような異端者や偽教師と論争して、その誤りを暴露したり、彼らを教えて矯正してあげようという戦いではない。「ひとたび伝えられた信仰」（同3）を堅持するための戦いである。

その堅持すべき信仰の中核は、①十字架と②復活である。それは
①キリストが十字架にかかって私たちの罪を贖って下さったことを信じることであり、
②私たちに永遠の命を与えて下さり、御国入国を約束して下さる保証としての、死からの甦りである。

この①②二つの信仰の中心的事柄は、「聖徒たちによって伝えられた」(同3参照)ことである。例えば、パウロは次のように言っている。「わたしが最も大事なこととしてあなたがたに伝えたのは、……(①)キリストが、聖書に書いてあるとおり、わたしたちの罪のために死んだこと、そして……(②)三日目によみがえったこと」(Ⅰコリント一五3～4)である。この根底には、旧約聖書が預言し、新約時に成就した「キリスト・イエスは罪人を救うためにこの世にきて下さった」(Ⅰテモテ一15)ことがある。

さて、信仰の戦いには、サタンとの戦いがあると言ってよい。人を惑わし、悪に誘い込み、不幸と死へ落とし入れようとする悪霊との戦いである。この悪霊に捕まり、悪霊の手下に成り下がってしまった人が、偽教師であり異端者である。悪霊の首領である悪魔(サタン)は、人間のような肉体を持たない悪の霊であるから、人の知識や知恵によって対抗したのでは、とうてい勝てない。霊に対しては霊の武器と防具が必要である。その武具が

どんなものであるかは、エペソ人への手紙の六章14〜18節に明示されている。この信仰的武具は、天の父が提供して下さっている。この武具を身に着けて、「キリスト・イエスの良い兵卒」（Ⅱテモテ二3）として、力を尽くして戦うならば、悪魔の誘惑に陥ったり、信仰を曲げてなくしてしまったり、地獄へ落ち込んでいくようなことはなくなる。

「わたし（たち）は戦いをりっぱに戦いぬき、走るべき行程を走りつくし、信仰を守りとおし（す）」（同四7）ことによって、自分が聖徒として神の国へ迎え入れられるようになりたい。それだけでなく、偽教師や私たち自身によって教会が俗化してしまわないように、また誰もがサタンの罠に陥らないように、教会員皆で協力して守り、クリスチャン各自が主から「義の冠」（同四8）を授けてもらえるようにしたい。

異端に躓《つまず》かない

ルターは『キリスト者の自由』という有名な著作を残した。その自由について、私は本書二五頁で、「自由とは、してはならないことをしないでいられ、すべきことができることである」と記した。ところが、この自由を放縦とはき違える輩《やから》がいる。ユダがキリスト教の指導者として活躍していた一世紀後半にも、同じような異端がいた。

彼らは、パウロが「律法がはいり込んできたのは、罪過の増し加わるためである。しかし、罪の増し加わったところには、恵みもますます満ちあふれた」(ローマ五20)と言い、キリスト来臨によって旧《ふる》い律法は廃止されたと教えられると、「律法はなくなって、こうせねばならないと規制するものは取り除かれたのだから、自分の思うように行動してよいのだ」と、自分勝手な解釈をして、そのような生活をするようになった。この主張と言動を人々に教え進める偽教師が各所に現れて、教会内にも入り込むようになった。

このことをユダは、「不信仰な人々がしのび込んできて、わたしたちの神の恵みを放縦な生活に変え、唯一の君であり、わたしたちの主であるイエス・キリストを否定している」(ユダ4)と、愛する信徒(同3参照)に向かって警告している。「だからこの手紙を書いてあなたがたに送ることにした」（同3参照）と訴えている。

ユダが右記4節で「神の恵み」と言っている神の赦しには、その背後に「今後はもう罪を犯さないように」（ヨハネ八11）との命令と激励がついているのに、これとは反対に偽教師は、神の許容を、「それをもっと続けていいよ。また許すから」と、悪徳放埒の黙認奨励であると理解していた。

この偽教師たちは、キリスト者の自由を、神中心から自分中心に置き換え、肉欲のままに行動する放縦に替えている。彼らの最大の特徴は、主イエス・キリストを、神から遣わされてきた救世主であるとは認めないことである。すなわち「主であるイエス・キリストを否定」（ユダ4）する。そして自分自身は、「生まれつきのままの人間」（同19、新改訳2017）として、原罪を持ったままで行動する。だから彼らの思考と行為の基準は、生まれつきのままの「本能的な知識」（同10）に基づいたものである。

ここに「本能的」とあるが、人間の三大本能は食欲、性欲、睡眠欲であり、彼らはこの本能に従って生活するので、肉の汚れ丸出しとなる。「淫行にふけり、不自然な肉欲に走（る）」（同7）ことになる。加えて、「彼らの神はその腹、彼らの栄光はその恥、彼らの思いは地上のことである」（ピリピ三19）。だから「彼らの最後は滅び」（同）が待っているしかない。

彼らは、教理面で誤っている道に入り込んだために不信仰に陥り、人々をも不信仰へと誘い込み、人々の信仰心を混乱させた。そして、自分自身が言葉にも行状にも腐敗する者となり、悪徳な者となった。

現代にあっても、このような偽教師が大手を振って闊歩し、人々が惑わされてしまって、自分の行いに叱責を受けざるをえない状態になっている、このような世である限りは、ユダの手紙は、その時代に必要なものとして警告を発し続け、聖典として残ることになる。

私たちが偽教師や異端に騙されずに、正しい信仰を堅く保っていくための秘訣は、次の①〜③である。

①「父なる神に愛され」(ユダ1)ていることを確信し、どんな場合のいかなる状況になっても、「神の愛の中に自らを保(って)」(同21)神の愛のうちに居続けること。

②どんな境遇や環境になっても、主イエスが共にいて下さって、「イエス・キリストに守られている」(同1)ことを喜ぶこと。

③神の民として神の恵みを受け続け、神の富を受け継ぐ者として「召されている」(同1参照)ことを堅く信じ、望みのうちに生きること、である。

私たちは正しい信仰を持つことによって、不真実な誘いに躓くことなく、傷なきしみなき者として、神の栄光の前に立たせていただける者になっていきたい（同24参照）。

神から離れた者が示す歩みの特徴

精神的な頽廃は、どんなところに現れるであろうか。それは、生活とその人の人格の全体の外側と内側に現れる。

(1)外側においては、その人の生活が不道徳となり、肉欲によって支配され、性欲と食欲と所有欲とがその人の支配者になり、何でも貪《むさぼ》りあさる者となる。その特徴がソドムやゴモラに現れ、不自然な肉欲に走って淫行にふけり、制御不能な乱業の生活となる（ユダ7参照）。彼らはまさに「分別のない動物のように、ただ本能的」（同10）に行動する。

(2)内側においては、まず、知的に尊大となり、神を神として認めず、傲慢不遜となって自分を神の座に据え、自分が王となり、権力を振り回し、横柄と専横によって、人々の心と生活をずたずたに傷付ける。

ユダはこのような者の例と対処法を、次のように書いている。「悪魔は御使と論じ争う時に、天使ミカエルの権威と尊厳を認めずに、栄光ある相手をののしり、さばき、モーセの亡骸《なきがら》を自分に引き渡すように、強引に要求した」（同8〜9参照）。

「そのような悪魔を、ミカエルは自分で反撃して裁断を下そうとはせずに、自らは謙遜になって、神の取り扱いに委ねた」(同9参照)。

(3)内側における第二の頽廃は、精神の内奥にある霊に表れ、霊的に汚れた者となって、主をさえ否むようになる(同4参照)。その結果、彼らは自分を他の人より優れた者と自評し、その報いとして、思考と行動において愚かな者となる。すなわち、自分は自由を尊び自発的な行動を求めていると主張していながら、その自由を実践面において堕落の極みに用い、悪魔の奴隷となっている。

その例が挙げられている。すなわち、出エジプトさせてもらったイスラエルの民は、旅程において神の恵みと導きを信じずに、むしろ不平不満を頻繁に言いつのって、神への不信をふくらませ、その結果、ヨシュアとカレブを除いた全員が、約束の地に入る前に神によって滅ぼされてしまい、死に絶えてしまった(同5参照)。

進歩的で新しい道徳を追求し実践することは、非難されるべきことではない。また、進歩的で新しい思想を主張し、人々に吹聴することも、咎められるべきことではない。だが、その道徳と思考が神の真理から離れたものであると、それに聞き従う人々の人格を傷付け、不幸へと導くことになることを、胆に銘じておかなければならない。このような誤った偽指導者の言動と生活に対しては、神は必ず審きを与えられ、厳罰をもって報復される。

最後にまとめとして、ユダが彼の手紙をもって警鐘を鳴らし、警告を発している三つのことを確認しておこう。

①道徳的な高潔さを常に保持すること。

②知的に謙遜を保って、何事も神へ問い、神に聴き、神の真理から外れないこと。

③霊的感受性を鋭敏にして、神の聖さと義しさ、それに神の愛の中に生きること。

この三つは、信仰生活での基本的なことであるので、その重要さを自覚しつつ進んでいきたい。

不信心な者の特徴

「生まれつきのままの人間」（ユダ19、新改訳２０１７）がどんな特徴を持つかを、ユダは彼の手紙の16節に挙げている。以下がそれである。

(a)彼らは不信仰者であって、神を畏れない。神の前に敬虔に生きることを全く自覚しようとせず、気付いても無視するか軽視する。むしろ、神の前に真摯に生きようとする人々の信仰とその姿勢をそしり、迫害さえする（同8参照）。

(b)周囲の人々から自分がそれ相応に取り扱われず、尊ばれることも敬いを受けることもないことに不満を持って不平を並べ、ぶつぶつ文句ばかり言う。

(c)自分の至らなさには気が付かず、反省することもなく、日常の衣食住の一つひとつの事柄に、そして自分の置かれた現在の環境や状況に不満を持つ。

(d)信仰者が神の御心を伺い、神の御旨に従って生活し、戒めに導かれて自分を律することをするが、これとは全く反対に、「分別のない動物のように」（同10）、自分の欲望のままに行動する。

(e)自分には評価されるような実績はなく、自分にさほどの能力があるわけでもないのに、大きな事を成し遂げたとか、成績を上げたと、余計な尾ひれを付けて実際以上に大言し、自分には才能も財力もあるので、これからこういう事ができる、と人前に大風呂敷を広げて壮語する。

(f)自分の利益のためなら、恥も外聞もなく自尊心さえかなぐり捨てて、人に媚《こ》びへつらう。人間的な誇りや尊厳などに全く価値を認めず、それよりも物質的利益を自分のものにすることのほうが大事で、利益を獲得することを何よりも優先する。

(a)~(f)のような「生れつきのままの人」の行く末は、どんな結果が待ち構えているだろうか。神の「さばきを受け」(同4)、「まっくらなやみが永久に用意されている」(同13)ことになる。具体的には、普段の生活では常に不平と不満があって、穏やかな平安がなく、人生の充実ということは毫《ごう》も知らず、自暴自棄に陥り、生きる意味が分からず、空しく暗い日々を送っている。息はしているが死んでいると同然の生活を続ける。このような状態に放置されていること自体が、神のさばきである(ローマ一24、28参照)ことに気付いていない。

彼らは死後に神の審判が待ち構えており、判決を受け、彼らのために用意されている真っ暗な闇の中へ永久に落とされる運命が待っている(ユダ13参照)。この最後の審判の目的は、次のとおりであると、ユダはエノクの預言を引用して宣告している。すなわち、「不信心な者が、信仰を無視して犯したすべての不信心なしわざと、さらに、不信心な罪人が主にそむいて語ったすべての暴言とを責めるためである」（同15）と。

私たちは、信仰生活の歩みの途上にあっては、しばしば躓いて不信仰に陥ることがある（同24参照）。それでも「主イエス・キリストのあわれみ」（同21）を大いに受けて、高慢な不信仰者のようにゲヘナ（地獄）へ落とされることだけは、避けたいものである。

汚れた衣に触れない

私は既刊拙著で、「服装はその人の人柄を表し、品格を示す」と書いた（『幸福と成功の秘訣Ⅳ』、いのちのことば社、二〇二〇年七月、二四一頁）。服装は、無言のうちにその人の人となりを表し、どんな人物のどんな品性の持ち主なのかを自己紹介する。それゆえにTPO（時、場所、場合）に合った服装をするのが、自分にとっても周囲の人々にとっても、その場の雰囲気を作り、心なごませるものである。

教会の礼拝においては、「聖なる神の前に出て、神とお会いする」との心構えのもとに、それにふさわしい服装で出席するというのが望ましい。私はヨーロッパ旅行をしている日曜日の朝、正装して家から出てきた親子家族をバスの中から見かけた。そこでガイドに問うと、「彼らは今から教会の礼拝へ行くのです」と答えが返ってきた。私たちは「肉に書かれた、人々に読まれる言葉である」（Ⅱコリント三3参照）ことを忘れてはならない。

ところで、ユダは衣服のことで、たいへん厳しい言葉遣いで信徒を戒めている、「肉に汚れた者に対しては、その下着さえも忌みきらいなさい」（ユダ23）と。この表現や思想がユダ独得のものなのかと言うと、そうではない。旧新約聖書全般にわたって言述されている事柄である。

ツァラアトの患者が着ていた服は焼却せよ、と規定されている（レビ一三52参照）。大祭司ヨシュアは、サタンに「汚れた衣を着ている」と訴えられ、御使いによってその罪に汚れた衣を脱がされて、きよい礼服を着せられた（ゼカリヤ三1〜4参照）。イザヤは、主から救いの衣を着せられ、義の上衣《うわぎ》をまとうようにされて、預言者として立つ者となり、大いに喜び、魂は神を楽しんだ（イザヤ六一10参照）。放蕩息子（私たち）は、自分の家の近くまで帰ってくると、父親（神）によって（罪で）汚れた服を脱がされ、最上の着物を着せられた（ルカ一五22参照）。神の御座の前で昼も夜も聖所で神に仕えている人々は、小羊の血で洗って白くされた衣を着ていた（黙示録七14〜15参照）。

これらの御言葉に記されている衣は、

①悔い改めた罪人に対して、天の父が認定して授けられた地位を表しており、

②神によって義とされ、神の聖さを着せられた者たちの、生活に伴う正しい品性を表している。

ユダが戒めているように、罪に汚れた衣服は忌み嫌って、決して触れないようにせねばならない。またそれだけでなく、ユダが同じく勧めているように、クリスチャンには、預

言者イザヤや大祭司ヨシュアのように、不義の汚れた衣服をまとっている者があるならば、その衣服を汚れのないものに替えてあげ、義の衣を着るように導く働きが委ねられている（ユダ23参照）。このような奉仕に就くことも、主による私たちへの御心であることを確認しておきたい。

神の四つの尊厳

パウロは「ローマ人への手紙」で、その最後に長い頌詞（ほめたたえる言葉）を述べている（ローマ一六25〜26参照）。同じように、ユダは彼の手紙の最後に祝禱して、「新約聖書中で最も十分な頌栄」と言われる頌詞を献げている。すなわち、「私たちの救い主である唯一の神に、私たちの主イエス・キリストを通して、栄光、威厳、支配、権威が、永遠の昔も今も、世々限りなくありますように。アーメン」（ユダ25、新改訳２０１７）と称えている。

この頌栄が最も十分なものであると言われる理由は、神を言い表す頌辞に四つの言葉を用い、その最初の二つが神の性質を、後の二つが神の働きを言い表しているからである。神の性質を表すのに「栄光」と「威厳」を用い、神の働きについては「支配」と「権威」の語を用いている。

①「栄光」とは、神の本質（唯一、霊）と属性（全知・全能・遍在、聖・義・愛）およびこれから出てくる無限、永遠、完全、自存、無形、位格、偉大を総合した、まばゆいばかりの輝きのことである。ヘブル書には、「御子は神の栄光の輝きであり、

神の本質の真の姿であ（る）」（ヘブル一3）との表現がある。
②「威厳」とは、壮大にして聖と義を備え、何事も実現実行して、無言のうちに従わせる力を内に秘めたおごそかさである。
③「支配」とは、ご自身の全能をもって統率し、ご自身が創造された宇宙と人類のすべてを治める働きと権能をもってする、意識的な統治である。
④「権威」とは、ご自身の意志の下に、すべてのものを従わせる権勢とその威力である。

このような栄光と威厳、支配と権威をお持ちの神は、「私たちの救い主である唯一の神」（ユダ25、新改訳2017）と頌栄されるように、私たちに、神の属性である愛から出てくる憐みと恵みによって、救いを与えて下さる。その方法は、「私たちの主イエス・キリストを通して」（同25、同）とあるように、御子による贖罪によって人を赦し、受け入れ、神の家族として下さる。そして永遠の命と知恵および神の莫大な富を受け嗣ぐ者として下さる。

ここに「唯一の神」（同25）とあるが、これは一つにして三つの位格の三位一体の神のことを言っており、父、御子、御霊である神を表している。そして、「主イエス・キリストを通して」（同25、新改訳２０１７）とあるのは、天の父は人類の救いを、御子イエス・キリストを通してなされたことを言っている。

私たちは、このような神によって救われ、神の導きと守りの中にあり、各自与えられた使命を全うしていくべき召命を受けた。そして、主イエスの再臨の後には、究極的には世を征服し治めるようになる（黙示録二二5参照）。そうであるから、私たちは日々の生活の中で、世との戦いがあったとしても、決して負けることなく力強く、前進を続けていきたい。

あとがき

聖書の各書は、文言分量の長短にかかわらず、神の霊感によって示し与えられ、信仰と生活の規準である聖典となっています。これを十分に認識した上で、「聖書教養エッセー」シリーズの本書第四巻は、公同書簡にとりかかりました。

ヨハネの第二の手紙、第三の手紙やユダの手紙のように、一章にも満たない短い文面で、エッセーとするような何か示されることがあるだろうか、との危惧を抱いたり、ペテロの第一、第二の手紙やヨハネの第一の手紙では、どんなことが教示されて、読者の皆様に紹介できるような随筆文になるのだろうかと、ワクワクしながら期待を込めて、各手紙に向かいました。そうしたら、ヨハネ書簡では二十三項目、ユダ書簡では八項目もが与えられて、文面にすることができました。そのためシリーズ本一冊の適量分が埋まってしまいましたので、当初予定していた黙示録に関するエッセーは、次巻Ⅴに回すことにしました。

人生を完成することで重要なことは、活動で成した量ではなく、成した内容の質でありましょう。私たちは、たくさんのことができれば人生の完成であると考えやすいのですが、実はそうではなく、少しのことであってもよいから、質の高いことを成し遂げることが肝要でしょう。たとえ一つのことであろうとも、それが最高の質のものであるならば、言うことなしで、量を問う必要はありません。しかも、成した業績ではなく、その人の人生という作品が最高の質と評価できるものであるならば、その人にはこの地上に生きた高貴な意味があります。

職業的完成は、量をこなせば認めてもらえるかもしれません。しかし、人生は量ではなく質によって判定されます。その質とは、死を迎えるまでの間に、崇高な存在とどれだけ深く親しく交われたかです。そして人生の成功は、その崇高な方に堅く結び付いて、死後に御国に迎え入れられることです。

このような人生の完成のために、本書が読者の皆様に少しでもお役に立てたならば、この上ない喜びであり、著者として本望です。

最後に、今回もいのちのことば社の関係者の皆様に、たいへんお世話になりました。特に本書の編集を担当して下さった山口暁生氏には、多くのご指導をいただきました。ありがとうございました。

終わりに、忍耐と愛をもって本書に目を通して下さった読者の皆様に、主からの豊かな祝福がありますよう、お祈り申し上げます。

二〇二三年八月　久喜の自宅書斎にて

中島總一郎

《著者略歴》

1943年　東京都江東区に生まれる
65年　日本ホーリネス教団立川教会で洗礼を受ける
66年　芝浦工業大学　電子工学科卒業
（株）芝浦電子製作所　入社
78年　一級生産士取得
83～84年　日本ホーリネス教団　上野教会責任役員
84～85年　JIS電子回路部品用語専門委員
久喜キリスト教会開拓委員会　委員長
95～96年　電子材料国際整合化委員
IEC（電気電子世界標準規格）60539
サーミスタ規格の改正日本提案代表（独・ドレスデン）
96～97年　（株）岩手芝浦電子　代表取締役社長
97～98年　（株）上海芝浦電子　總経理（取締役社長）
99年　ISO9001品質システム審査員補資格取得
2006年　お茶の水聖書学院　聖書本科卒業
08～11年　日本ホーリネス教団　信徒代議員
06～14年　お茶の水聖書学院　講師、評議員、参与、理事
08～14年　イーグレープ聖書人生塾　講師
10～17年　お茶の水聖書学院　研究コース　コーディネータ
11年～　日本ホーリネス教団　上野教会員
15年～　いのちのことば社　常任監事、理事

《著書》

『天命に立つ　～聖書の知慧に学ぶ』
（日本ホーリネス教団　久喜キリスト教会　宣教出版委員会）
『知慧に生きる　～救い完成と苦難克服』
『聖潔の探究　～ホーリネス到達と信仰完成』
『愛の完全　～神的愛と結婚愛』（以上、日本ホーリネス教団　出版局）
『満たされた生涯　～幼年・青年から壮士・快老へ』（日本ホーリネス教団　東宣社）
『死と神の国　～人生の最終到達目標』
『クリスチャン人生　瞑想録　～祝福生涯の秘訣』
『快老をいく　～御国を目指して　付：死への備え』
『図解　キリスト教信仰の基礎知識』
『図解　聖書理解の基本』（以上、イーグレープ）
『幸福と成功の秘訣Ⅰ　～聖書が教えるリーダーの心得
《指導者・企業トップ・経営編》』
『幸福と成功の秘訣Ⅱ　～聖書が教える人生の極意《生き方編》』
『幸福と成功の秘訣Ⅲ　～聖書が教える人物確立の道《品格修養・充実人生編》』
『幸福と成功の秘訣Ⅳ　～聖書が教える生活への指針《仕事・実生活編》』
『聖書教養エッセー１　そうか、なるほど《福音書、パウロ書簡前半編》』
『聖書教養エッセー２　そうか、なるほどⅡ《旧約、パウロ書簡後半編》』
『聖書教養エッセー３　そうか、なるほどⅢ《ヘブル書、ヤコブ書編》』
（以上、いのちのことば社）
共著『やさしいセンサー技術』（工業調査会）

引用聖句は一般財団法人日本聖書協会発行　口語訳を使用

聖書教養エッセー4　**そうか、なるほどⅣ**
《ペテロ、ヨハネ、ユダ書簡編》

2023年10月10日　発行

著　者　中島 總一郎
〒346-0032　埼玉県久喜市久喜新1187-20
TEL・FAX　0480-22-9529

印刷製本　日本ハイコム株式会社

発　売　いのちのことば社
〒164-0001　東京都中野区中野2-1-5
電話　03-5341-6924（編集）
03-5341-6920（営業）
FAX03-5341-6921
e-mail:support@wlpm.or.jp
http://www.wlpm.or.jp/
新刊情報はこちら

ISBN978-4-264-04461-1